电力监管理论与方法

黎灿兵　曹一家　著

科学出版社

北京

内 容 简 介

本书重点介绍机制设计理论及其在电力监管中的应用,并对电力监管主要环节的理论与方法进行了比较系统的研究。主要内容包括电力监管概述、激励相容的机制设计及在电力监管中的应用、发电监管研究、输配电监管研究、电力监管中信息披露、智能电网对电力监管的影响等方面的研究与情况介绍,使读者能了解有关电力监管的理论与方法,推动我国电力监管的研究与实践。

本书可作为高等院校电气工程学科高年级本科生和研究生的教学参考书,也可供电力企业相关管理人员和科研人员参考。

图书在版编目(CIP)数据

电力监管理论与方法/黎灿兵,曹一家著.—北京:科学出版社,2014
ISBN 978-7-03-041906-4

Ⅰ. 电⋯ Ⅱ. ①黎⋯②曹⋯ Ⅲ. 电力工业-监督管理-研究 Ⅳ. F407.61

中国版本图书馆 CIP 数据核字(2014)第 218079 号

责任编辑:魏英杰 / 责任校对:朱光兰
责任印制:肖 兴 / 封面设计:陈 敬

科学出版社出版

北京东黄城根北街 16 号
邮政编码:100717
http://www.sciencep.com

三河市骏杰印刷有限公司 印刷
科学出版社发行 各地新华书店经销

*

2014 年 9 月第 一 版   开本:720×1000 1/16
2014 年 9 月第一次印刷   印张:11 1/4
字数:227 000

定价:60.00 元
(如有印装质量问题,我社负责调换)

前　言

本书阐释了电力监管的由来、意义和发展,对电力监管内容、监管原则、监管方法和监管措施等进行了比较全面的分析研究。主要内容包括:

(1) 激励相容的机制设计理论及其在电力监管中的应用。分析了激励相容的机制设计基础,提出了新的激励相容设计准则和判断准则,增强了激励相容机制设计的可操作性。利用新的激励相容准则,评估了电力垂直垄断的运营模式和边际电价机制,说明了制度影响市场成员策略与市场效率的过程。

(2) 建立了发电厂市场力评估指标体系,提出了准确、客观和全面评估发电厂市场力的新方法。提出了基于有效竞争的四种评估方法,以此评估发电厂是否动用了市场力。

(3) 分析了输配电监管的目标、主要内容与手段,探讨了输配分开问题。

(4) 系统研究了电力监管中信息披露的原则、内容和方式等。

(5) 探讨了智能电网背景下电力监管的新特点和新内容,特别是新能源并网政策与监管。

本书系统研究了调度交易监管、发电监管和输配电监管,使读者对电力监管有一个完整、宏观的了解。本书内容基于第一作者黎灿兵的博士学位论文,补充、完善后根据新情况增加了一部分新研究成果。黎灿兵撰写了本书前5章,第6章由曹一家撰写。

在本书出版之际,向多年来一直关心我、培养我的博士生导师夏清教授和康重庆教授致以衷心的感谢,他们的指点和培养使我有机会接触到现代电气学科的研究精髓。感谢湖南大学电气与信息工程学院为我提供了一个好的研究平台,使得我和我的研究组能够不断地学习与探索,保持与国际同行的交流与合作。感谢和我一起学习和从事科研的研究生们。博士生旷永红、硕士生秦银平数次校对本书,特别向她们致以诚挚的谢意。博士生方八零、谭益,硕士生魏靖、刘文灿、李怡静等也为本书的校对和修改等做了很多工作,一并诚挚感谢。感谢我的家人,尤其是妻子肖泉多年来对我的默默支持。感谢国家自然科学基金(51137003),电力系统及发电设备控制和仿真国家重点实验室开放基金(No. SKLD11KZ07)的支持。

　　由于作者水平有限,书中不妥之处在所难免,恳请读者批评指正。

目　　录

第一章　电力监管概述

1.1　电力监管的含义

电力监管是监管机构根据电力工业的技术特点和经济特点,通过建立机制,引导电力企业规范经营、合理获利,促进用户优化用电行为;对自然垄断环节和竞争不充分的环节进行管制、调控与监督;对竞争比较充分的市场进行必要的监督、管理与调控,以确保电力工业健康发展、保护公共利益的各种措施。

电力工业具有鲜明的特点,如资本密集、技术密集,电力系统需要维持瞬时平衡和电力的基础性作用等。这些特点使电力监管与其他行业的监管有显著的不同。电力监管研究和电力监管工作应充分考虑电力系统的特点。

电力监管随着电力市场的改革成为热点,但电力监管并不等同于电力市场监管。电力监管既包含对竞争条件下运营的电力市场的监管,又包含对垄断经营环节的监管。电力工业即使不实施市场化改革,也需要专业、有效率的监管。

1.2　电力监管的形成

电力监管有悠久的历史。各个国家和地区的电力监管机构是根据其法律法规体系和电力工业运营模式设置的,具有各自的特点。独立的电力行业监管始于美国 1920 年成立的联邦电力委员会。在此之前,美国的一些州还建立了独立的其他行业委员会对垄断性基础行业进行监管。美国联邦电力委员会在 1930 年进行了重组,1977 年成立了联邦能源管制委员会(FERC)[1]。

　　我国长期实施计划经济,电力企业以国有为主,并且政企不分。在这种体制下,电力监管与电力企业管理没有明显区别,电力监管与其他行业监管也没有明显区别,因此没有形成独立的电力监管[2]。1998年,我国撤销电力工业部,组建国家电力公司,实现政企分开;2002年,设立国家电力监管委员会,成立电力行业独立监管机构;2013年,国家电力监管委员会与国家能源局合并,电力监管与其他能源的监管开始融合与协调。

　　电力监管的方法很丰富,引入市场竞争和管制是两种基本方法。管制一般是指对垄断经营企业的成本、价格和服务质量等方面实施的各种限定[3]。例如,对自然垄断的输配电行业的管制。在发电环节适当引入竞争并进行监督[4]是必要的。

　　引入市场竞争可以促使电力企业降低成本,管制也可以达到该效果。现代管制方法能取得同引入竞争相近的效果。例如,法国电力工业并没有进行市场化改革,但由于政府管制到位,同样取得了电力成本比较合理的业绩[5,6]。有效的管制将使垄断行业成本合理。

　　引入市场竞争和管制都是激励电力企业提高效率的手段。我国电力体制改革应该坚持市场与管制并重。由于电力工业存在自然垄断环节,即使引入竞争的环节也不可能形成充分竞争,而且电力系统需要维持瞬时平衡,因此电力监管需要特别重视建立良好的管制机制。在成本、利润、服务质量等方面进行管制,激励企业提高效率,保护公共利益,主要手段是调整电力企业的准许成本、准许利润,并对供电可靠性等服务质量指标进行评估。

　　电力市场化改革也称为放松管制或者解除管制,是将电力企业从垄断经营且被管制的状态一定程度上放松管制[7],通过引入一定程度的市场竞争并扩大企业自主权,由市场提供一些激励措施。因此,电力市场化改革是将电力工业从管制状态,转变为“管制＋市场”的运营模式。

　　为了在电力工业中引入一定程度的市场竞争,首先需要将电力工业按照不同的生产环节划分,在适合引入竞争的环节引入竞争,在需要维持垄断的环节改善管制。随着电力工业生产、运输和消费环节的细

分和运营模式的改变,电力监管的内容得到极大地拓展,主要包括:

① 如何依据电力工业的技术特点和经济特点,在可以引入竞争的环节,形成合理竞争的市场,并实施合理监督。

② 如何继续管制垄断经营的环节。在打破电力工业垂直垄断经营后,结合电力工业的特点,对不同的环节采取不同激励措施。

③ 在继续维持垄断经营的环节,管制的内容也发生了深刻的变化,如增加电网公平开放等。

④ 监管内容和对象的变化,使监管越来越多地依赖技术创新[8],以及技术支持系统[9,10]。

迄今为止,国内对电力市场的交易算法、价格机制和输电定价研究较多,但对电力监管理论不够重视,没有充分考虑电力工业的特点,电力监管的理论研究与电力监管工作的需求存在一定的落差。对电力监管的理解也不够全面,例如将电力监管片面理解为电力行业的行政执法。

1.3 电力监管的特点

电力工业具有垄断性公用基础行业的一般特点,包括信息不对称、社会影响重大、边际成本低于平均成本、具有规模效益等。除此以外,电力工业还具有鲜明的技术和经济特点,具体包括:

① 电能不能大量、经济地存储,因此根据能量守恒定律,电力系统需要维持瞬时平衡。当平衡被破坏时,可能导致电力系统震荡、解列甚至大面积停电。电力系统的这个特征,使得较多市场主体具有操纵电力市场的能力。

② 发电机组出力变化速度受到限制,机组运行持续时间、停机持续时间也受到限制,尤其是火电机组和核电机组。此外,不同的机组受到限制的情况也不同,这使电力系统的运行极其复杂。

③ 交流电力系统功率传输包括有功和无功两个部分。无功功率不消耗能源,但是会占用电力系统发电、输配电和用电容量,并导致电流增大、网损增加。

④ 电力系统是一个整体,各个部分连接成一个网络,技术上电力潮

流不可分,网络的各个部分相互影响,一些成本被全局化,难以切割、分摊。

⑤ 电力的运营需要保持高度协调、统一调度与控制。如何保证电力调度的公平、公正、公开,是迫切需要解决的问题。

⑥ 垄断与竞争并存,并且在几个联系十分密切的环节(发电、输配电等)中,垄断和竞争程度不同。

⑦ 具有明显的规模效益。例如,大规模火电机组的效率明显高于小规模火电机组的效率。

除了以上列举的几项特性,电力系统还在其他很多方面表现出与其他行业不同的技术特点和经济特点,使电力监管研究呈现出很强的特殊性。

1.4　电力监管研究的主要内容

从电力工业的生产环节划分,电力监管可分为发电监管、输电监管、配电监管、调度交易监管、用电监管与跨环节的监管等。从工作性质划分,电力监管可分为顶层设计、分析与评估、行政执法等。顶层设计是根据电力工业的特点设计合适的机制,引导电力企业和用户合理配置资源,并形成自愿、自律的良好市场秩序。市场评估是监管的"眼睛",执行和监督是监管的手段。本书的研究内容以顶层设计和市场评估为主,并贯穿于电力监管的几个主要环节。

电力监管的研究和实践是与电力工业的运营模式紧密联系的。在垂直垄断一体的体制下,监管的主要内容包括电力系统安全、成本和价格等。在市场条件下,电力监管包括放松管制、制定市场规则、对市场进行监管、对保持较高垄断的环节进行管制等。

根据电力工业产业链的划分,电力监管研究的主要内容如下。

1. 发电环节

(1) 发电厂市场力评估与监管

发电环节具有一定程度的规模效益,电力系统需要维持瞬时平衡等技术、经济因素导致发电厂普遍存在一定的市场力。对发电厂市场力的研究是电力监管研究中广受关注的问题,关键在于如何确定由网络约束导致的发电厂的区域性市场力(local market power)[11]。本书将在第三章详细介绍。

(2)发电市场效率

电力改革的根本目的是提高效率。因此,对市场效率的评估是电力监管的重要决策支持工具[12]。要及时发现市场效率是否理想,查找造成市场效率损失的原因,并在此基础上分析解决方案[13]。

(3)发电市场准入

由于电力工业各个环节的沉淀成本占总成本的比重比较大,准入环节的竞争能提高发电投资的效率,降低沉淀成本,并获得良好的效益。

(4)发电市场交易模式与价格机制

交易模式、价格机制等机制设计问题是发电市场运营的重大问题,受到广泛关注。

2. 输配电环节(含调度交易)

输电和配电都具有自然垄断的特点。这在技术、经济、监管方式、方法上基本相通。

(1)成本、价格与服务质量管制

垄断行业在确定成本与价格时,往往采用"谁使用,谁付费"或者"谁产生成本,谁付费"的基本原则。然而,这一原则应用于输配电的监管时,却要面临两个问题:输配电系统具有明显的网络特性,即电网的各个部分相互影响,很难界定设备由哪些成员具体使用,以及使用的程度;输配电成本具有明显的非线性特征,即成本与使用量之间并不是线性关系,每个用户引起的成本与其他用户的使用程度有关。

电网潮流不可分、电网需要统一调度等各个因素,使得电网的运营必须维持垄断模式。对于垄断经营的输配电,如何建立良好的成本与服务质量管制机制是输配电监管的重点内容。

（2）电网公平开放

电网公平开放是电力体制改革后的热点问题。在传统体制下，发电、输电、配电一体经营，因此不存在电网公平开放的问题。厂网分开后，各发电厂应获得平等使用输电资源的机会。在进一步开放用户，使用户具有自由选择权时，电网公平开放问题更加重要。

（3）电力普遍服务

我国电力部门在实际运营中体现的普遍服务思想已经有较长的历史。例如，大力实施农网改造，推动同网同质同价，是典型的电力普遍服务的具体措施。我国明确提出电力普遍服务的要求始于 2002 年国务院发布的《电力体制改革方案》。随着电力体制的改革，电力普遍服务的具体含义和实施方法还需要进一步研究并明确。

（4）调度交易监管

调度交易是电力运营的中枢，目前国内外对调度交易的方法研究比较多，但普遍缺乏对调度交易监管的研究。如何确保交易计划公平、合理、优化还没有引起重视。

（5）输配分开问题探讨

近年来，有一些国家实施了输配分开的改革，国内也有较大的输配分开改革的呼声。本书将分析支持与反对输配分开改革的各方意见，并分析输配分开的利弊。

1.5　本书主要内容

本书重点内容包括：

① 研究激励相容的内涵，提出新的激励相容的机制设计准则和评判标准，将激励相容的机制设计与评估原理系统地应用于电力工业。同时，通过对垂直垄断一体的电力工业运营模式、单一买主下边际定价模式等方面的评估，分析新设计标准的应用方式。

② 在发电监管方面，提出综合评估发电厂市场力评估的新方法。该方法能准确地综合造成市场力的几个主要因素，紧密结合电力工业的特点，对网络约束导致的区域性市场力有准确的量化评估。在市场

力评估新方法的基础上,提出评价电网与电源是否协调发展的模型、方法和指标体系;提出基于有效竞争的发电市场竞争力度评估方法;提出应以有效竞争作为电力市场监管的目标;基于 4 种有效竞争的市场条件,提出对比评估方法,分别从不同方面衡量市场竞争的力度,具有可操作性强的优点。

③ 在输配电监管方面,分析了输配电监管的目标,重点研究了输配电成本监管,建立了直接成本与间接成本的均衡模型,提出规划后评估指标,在电网建设环节引入市场竞争模式,研究电网公平开放,并对调度交易计划的合理性提出评估的主要内容和评估方法,建立起完整的输配电监管体系。

④ 在用电监管方面,对电力普遍服务,用电价格体系,以及供电可靠性和服务质量的监管进行分析。

本书各章内容及其相互之间的关系如图 1.1 所示。

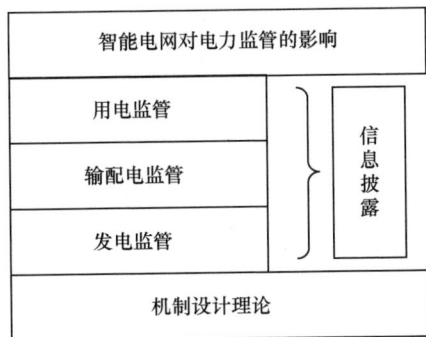

图 1.1　本书主要内容及其关系

如图 1.1 所示,机制设计理论是整个电力监管的基础,贯穿于电力监管的各个环节和各项具体工作之中。本书在第二章分析电力监管机制设计的基础理论;在第三章将该理论应用于电力工业两个重点环节的机制分析。电力监管从电力工业生产环节划分,分为发电监管、输电监管、配电监管和调度交易监管,第三章系统分析发电监管。由于输配电之间关系密切、监管方法基本一致,因此第四章将输配电作为一个整体,分析其监管方式、方法和内容。由于我国电力调度交易机构设置在输配电企业内,因此调度交易监管也在输配电监管一章中进行分析。

公开是重要的一环,也贯穿于电力监管的各个部分,合理的信息披露机制是保持市场透明度、形成适当的监管压力和舆论压力的必要手段。第五章将总结其他各章提出的应披露信息的内容,以及本书各个部分提出的用于反映电力工业运营情况的指标。最后,根据智能电网的研究与建设情况,分析智能电网对电力监管的影响,展望电力监管的发展趋势。

第二章　激励相容机制设计及在电力监管中的应用

2.1　概　　述

机制设计是监管的基础。激励相容(incentive compatibility)是机制设计中被自觉或者不自觉地广泛使用的基本原则[14]。应用激励相容的机制设计理论,对确保利益相关者遵守相关制度、保证制度可行性具有十分重要的意义。在我国电信业和金融业的监管中,已有一些研究和尝试[15],在电力监管中也有探讨[16,17]。本章研究激励相容的机制设计理论,提出新的激励相容的判断准则和应用基础,并在此基础上研究其在电力监管中的应用;应用激励相容的机制设计方法,评估电力机制中两项重要的机制,分析激励相容的发电厂竞价上网机制应具备的几项特征。

2.2　激励相容的基本理念

2.2.1　机制设计理论与激励相容

激励相容是指参与者理性实现个体利益最大化的策略与机制设计者期望的策略一致,从而使参与者自愿按照机制设计者期望的策略行动[18]。

激励相容的发展基础是解决在制定委托-代理过程中存在的信息不对称问题[19]。例如,企业所有者和企业管理者之间的博弈与合作,企业所有者是委托人,企业管理者是代理人。假定委托人和代理人的目的都是为了在约束条件下实现个人利益的最大化。由于代理人的目标函数与委托人的目标函数不一致,在信息不对称的情况下,代理人可能做出偏离委托人目标函数的行为。但是委托人受制于不对称的信息,无法进行有效的监督与约束,从而出现代理人损害委托人利益的情况[20,21]。随着研究的深入,激励相容理论逐渐在保险市场、信用市场、拍卖、公司内部组织、税收系统、社会保障、政治制度等领域得到广泛应用[22,23]。

在多参与者的机制中,若满足激励相容的原则,各个利益主体选择各自的最优策略[24]。这些最优策略同时是机制设计者所期望的最优策略。假设机制设计者的最优利益体现为公共利益,那么参与者在优化个体利益的同时也优化了公共利益。

可以看到,机制设计是一个优化问题。一般情况下,社会效率(福利)最大化是机制设计的目的,因此将社会福利作为目标函数,使该目标函数最大化。公平、公正等是机制设计的原则,可将这些原则体现为约束条件。决策变量是每个成员在每个可能的策略下的支付,即支付矩阵。

2.2.2 激励相容原则的研究现状

在日常管理中,人们也越来越强调制度性的双赢和多赢,事实上这是激励相容的机制设计受到越来越广泛的认同和应用的原因。文献[25]研究了电力市场中激励性可中断负荷的建模与实施,提出一种激励相容的可中断负荷管理模型,引导用户披露真实缺电成本。文献[26]研究了激励相容的需求侧管理,并对不同电价机制下的情况进行了分析。文献[27]研究了双边拍卖机制的意义,并建立了激励相容的双边拍卖机制。文献[28]设计了一种具有激励相容特性的电力竞价机制。文献[29]研究了在单一购买者的市场模式和市场清算电价(market clearing price,MCP)结算机制下,基于机制设计理论的相关原理,设定密封的动态最高限价,并提出相应的结算机制和奖惩机制。

2.2.3 激励相容的典型案例分析——囚徒困境

为了更加深刻地理解激励相容,先分析一个经典案例。

囚徒困境是博弈论最具有代表性的案例之一,也可以说是机制设计理论的典型案例[30]。在不同的著作中有不同的版本(不同的支付矩阵),但表达的实质含义是一致的。

例1　囚徒困境

嫌疑犯 A 和 B 被警方拘留,隔离审讯。如果两人都坦白,则各判 8 年;如果一人坦白另一人不坦白,坦白者由于立功表现免于刑罚,不坦白者判 10 年;如果都不坦白则各判 1 年。其支付矩阵如图 2.1 所示。

	A 策略	
B 策略	招供	不招
招供	(−8,−8)	(−10,0)
不招	(0,−10)	(−1,−1)

图 2.1　囚徒困境支付矩阵

为了表达方便,支付矩阵中参与者效益为负,表明利益受到损失。在本例中,−8 表示被判处 8 年。在图 2.1 中,A 和 B 都采用招供策略,(−8,−8)表示 A 和 B 各获刑 8 年;(−10,0)表示 A 获刑 10 年而 B 无罪释放。

从图 2.1 可以看到,在 A 招供的策略下,B 招供则获刑 8 年;不招供则获刑 10 年,因此若 A 招供,则 B 招供比不招供更优。在 A 不招供的策略下,B 招供则被释放,B 不招则获刑 1 年,招供也比不招供更优,即无论 A 是否招供,B 招供都比不招供能更好地维护其自身利益。若 B 为理性人,将采取招供的策略。A 和 B 的策略是轮换对称的,因此 A 也将采取招供的策略。

尽管对于两个囚徒而言,共同利益最好的结果是都不招供,但是实际双方采取的策略是都招供,是对于两者而言整体利益最坏的结果。

在实际生活中,存在大量类似于囚徒困境的案例。囚徒困境案例也是最典型的个体按照其最优策略选择,不能达到集体利益最优的典型案例,这是由博弈结构的支付矩阵确定的。换句话说,囚徒困境的实质是多人博弈的激励不相容,实际生活中囚徒困境也是激励不相容的典型代表。机制设计的根本目的就是要避免囚徒困境。当然,从社会的角度分析,公共利益最大化的结果是囚徒都招供,上述机制实现了该设计目标。这里我们讨论的是博弈参与者的利益。

假设机制设计是从两位参与者的利益出发,如果要达到的效果是两位参与者都不招供的效果，那么可将支付矩阵重新设计，如图 2.2 所示。

B策略 \ A策略	招供	不招
招供	(−8,−8)	(−5,−5)
不招	(−5,−5)	(−1,−1)

图 2.2　调整后囚徒困境支付矩阵

将支付矩阵调整为如图 2.2 所示，则根据博弈论，两个参与者都将选择不招供。通过对支付矩阵的调整，还可以产生其他博弈结果。

从以上分析可以看到，通过调整支付矩阵，能使博弈产生不同的结果。激励相容的机制设计是要通过调整参与者每个可能采取的策略的支付量，使参与者采取机制设计者所期望的策略，实现机制设计者设定的目标。

2.3　应用于电力监管的激励相容原则的分析

2.3.1　激励相容的应用范围

从上一节的分析可以看出，激励相容机制设计问题的前提是总利益的不固定性。如果在一个博弈中总利益固定，如零和博弈，则不存在优化空间，这类问题不存在激励相容的机制设计问题。

2.3.2　电力监管中应用激励相容原则的瓶颈

激励相容的机制设计理论在应用中需要分析复杂的博弈结构，分析博弈结构是否具有均衡点、是否具有唯一均衡点等。由于博弈过程求解非常复杂，而且在电力监管中面临大量的、非线性的技术约束和部分非连续的约束条件，使电力监管中机制设计问题很难用求解博弈结构的方法来分析。

激励相容的机制设计在电力监管中的意义得到充分认识，但是由于激励相容的机制设计方法实用性还有待提高，在应用过程中需要结合具体问题的特点,做大量假设和简化,分析电力监管机制中相对简单的问题。瓶颈问题主要包括如下几个方面。

1. 激励相容的机制设计

传统激励相容的应用一般基于委托-代理人模型,委托人设定机制。该机制的参与者只有代理人一个个体,或者多个代理人,但是代理人之间相互的策略没有影响。

在电力监管中设定机制,参与者个数的情况比较复杂。例如,在发电监管中,由于发电侧一般适当引入市场竞争,发电厂是市场成员,市场成员的行为影响市场均衡,也影响其他市场成员的利益。因此,参与者个数比较多,参与者利益相互影响。在这种情况下,激励相容的机制设计应用难度较大。

2. 关于激励相容的判断准则

一项机制是否满足激励相容的原则,需要求解参与者的最优策略。在大部分情况下,参与者的最优策略是未知的,甚至不具备量化分析的条件;或者在分析过程中,需要进行大量复杂的计算,即评估机制是否满足激励相容,直接求解是困难的,因为需要求解复杂的博弈过程,而且还存在解不唯一、维数高、非线性、非连续等问题。机制设计比机制评估更复杂,需要求解泛函问题,一般不能直接求解。在具体的应用中,需要根据问题的特点,具体分析利益关系,以简化分析。

3. 实现机制最优目标的引导过程复杂

激励相容的机制应能逐步引导参与者从任何一个策略点逐渐转移到最优策略点,实现机制设计者的目标。但是,目前激励相容的理论研究都强调对均衡点的研究,而对均衡过程的研究不足。

在电力监管的机制设计中,在参与者个数较大的情况下,参与者之间的利益相互关联。在机制中应设计引导过程,使博弈过程能尽快达到均衡状态,实现最优,但是目前的激励相容机制还无法达到这个要求。

4. 优化深度问题

博弈可能在一个局部最优解取得平衡,达不到全局最优。由于博弈过程的复杂性,理性经济人需要的完美信息是不成立的,各参与者很难认识到自己的最优策略,因此达到理想的均衡点是非常困难的。

激励相容理论应用于电力监管存在上述瓶颈,迫切需要对激励相容的原理、设计方法、评价标准进行深入的研究。

2.4　激励相容设计的新标准与判断准则

本节提出激励相容的新设计原则和判断标准,并从理论上证明其合理性和优越性,为激励相容的机制设计理论系统地应用于电力监管提供支持。

2.4.1　基本概念及其符号

为了方便研究激励相容的数学模型,本节对一些名词及其含义解释如下,并约定符号。

① 机制(M),是指某项具体制度,用来调整利害关系人利益的方法。

② 参与者(i),是指某项机制所调整的利害关系人,且该利害关系人的可选策略集合不为空,不同的可选策略对其他参与者或者机制设计者的利益有影响。参与者组成集合 $\Phi = \{1, 2, \cdots, i, \cdots, n\}$,其中参与者的个数为 n。例如,在电力库模式下,用户没有参与市场的机会。虽然用户利益受到该机制的影响,但用户的可选策略集合为空,用户就不是该博弈的参与者。

参与者的个数可以是有限的,也可以是无限的。本章研究参与者个数有限的情况。

③ 可选策略集与可选策略区间(S),是指在某项机制下,参与者可能采取的行为。可选策略可能是离散的,也可能是连续的。在离散的情况下,用 S_i 表示参与者 i 的可选策略集合;s_i 为第 i 个参与者不特定

的策略; s_{ij} 表示参与者 i 的第 j 个可选策略。在连续情况下,用 S_i 表示参与者 i 可选策略的值域, s_i 表示参与者 i 的策略。 $s=\{s_1,s_2,\cdots,s_n\}$ 是所有参与者的一个策略组合。

在分析一个参与者的策略时,经常需要假设其他参与者的策略不变。为了表达方便,用 s_{-i} 表示除了参与者 i 以外,其他参与者的策略组合。

④ 支付矩阵与支付函数,是各个参与者在某特定策略下的收益,即

$$f_{ij}=f(s_{ij},s_{-i}) \tag{2-1}$$

其中, f_{ij} 表示参与者 i 选取第 j 个策略时的利益。

在其他参与者策略不变的情况下,第 i 个参与者的利益 f_{ij} 是参与者 i 选取第 j 个策略时的函数。

⑤ 公共利益 F,即

$$F=F(s_1,s_2,\cdots,s_n) \tag{2-2}$$

或

$$F_{ij}=F(s_{ij},s_{-i}) \tag{2-3}$$

其中,公共利益 F 表示参与者一个策略组合的函数;式(2-3)表示在其他参与者策略不变的情况下,公共利益是参与者 i 的策略函数; F_{ij} 表示参与者 i 选取第 j 个策略时的公共利益。

值得注意的是,社会最优利益不一定等于各个参与者利益之和。因为某项机制影响的利益范围可能超出博弈的参与者。

⑥ 社会期望策略,是指在公共利益达到最优时,各参与者应采取的策略组合。

⑦ 参与者最优利益,是指在某项机制下(支付矩阵或者支付函数已经确定),某个参与者能取得的最大利益。在取得最大利益时采取的策略称为该参与者的最优策略。

2.4.2　激励相容的数学表述

在委托-代理模型中,激励相容可简单表示为委托人的利益最大化时,代理人也取得最大利益。将目前普遍接受的激励相容的判断准则推广到多参与者的情况,则为机制 M 所采用的博弈结构存在静态均衡

点 P，P 为一个策略组合。静态均衡点 P 是机制设计者的利益 F 的极大值点[22]，即

$$F(P) \geqslant F(s_i, P_{-i}) \tag{2-4}$$

$$f_{ip} = f_i(P_i, P_{-i}) \geqslant f_{ij} = f_i(s_i, P_{-i}) \tag{2-5}$$

其中，$F(P)$ 为在策略组合 P 时的公共利益；$F(s_i, P_{-i})$ 为其他参与者策略不变的情况下，任何一个参与者 i 的策略从 P 策略组合中对应的策略变为任何其他策略时的公共利益。

式（2-4）表明，P 是公共利益的极值点。在式（2-5）中，f_{ip} 为参与者 i 在 P 策略组合下的个体利益；f_{ij} 为其他参与者策略不变的情况下，参与者 i 的策略为第 j 个策略时的个体利益。式（2-5）表明，P 是一个静态均衡点。

激励相容的判断准则强调了最优效益点的策略问题，并没有关注最优点以外的其他取值区间的情况。在实际问题中，可能存在多个均衡点，或者参与博弈的参与者比较多、可选策略之间相互关联比较大、信息不对称等因素，导致不能在社会最优利益点实现均衡，机制设计者的目标不能实现。

2.4.3　新设计标准与判断准则

激励相容的本质是实现个体利益和公共利益的一致性。激励相容的机制可以从另一个角度来理解：任何一个参与者不能通过损害整体利益来获得个体利益，保证机制具备"损人不利己"的特征，即假设每个参与者追求利益最大化，确保参与者没有损害整体利益的动力（激励）。

基于这个特征，我们提出激励相容的一系列可操作设计标准。该标准还可作为激励相容的判断准则。在本章的以下研究中，都假设机制的参与者多于一个，以利于在电力监管系统中的应用。

准则 1　个体利益与公共利益同向变化准则。

在其他参与者策略不变的情况下，如果任何一个参与者 i 的策略从 s_{ij} 改为 s_{ik} 时式（2-6）都成立，则称该机制满足个体利益与公共利益同向变化准则，即

$$(f_{ij} - f_{ik})(F_{ij} - F_{ik}) \geqslant 0 \qquad (2\text{-}6)$$

其中，i 为任何一个参与者；j 和 k 为参与者的任何第 j 个和第 k 个可选策略；$f_{ij} - f_{ik}$ 表示在其他参与者策略不变的情况下，第 i 个参与者策略从策略 s_{ij} 变更为策略 s_{ik}，参与者 i 利益的变化；$F_{ij} - F_{ik}$ 表示整体利益的变化。

准则 1 的含义是，如果参与者改变策略，则个体利益和公共利益按照相同的方向改变。目前普遍采用的激励相容的判断是存量激励相容，只注重最优值一个点。式（2-6）定义的激励相容的判断是增量的概念，关注整个可选策略空间，实现动态的激励相容。式（2-6）保证了在任何一个状态下，个体不会为了增加自己的私利而导致公共利益降低，这就可以保证博弈结构的稳定性，同时也可以保证博弈结构的良性发展。在经过博弈迭代后，利益得到优化。

满足准则 1 的机制，具有增量激励相容的特点。但准则 1 并不是激励相容的必要条件。因为在激励相容的模型中，强调存在均衡点，而且均衡点能实现公共利益的最大化，并不需要满足准则 1。准则 1 是激励相容的充分条件。

式（2-6）还可用于判断某个状态是否达到了该机制的均衡点。如果在一项机制下，没有任何一个点满足式（2-6），则表明该机制不存在静态均衡点，因此也就不满足激励相容的原则。

定理 1　当满足准则 1 的机制存在静态均衡点时，该机制满足激励相容的原则。

证明　设机制 M 存在静态均衡点 P，即满足式（2-5）。在其他参与者策略不变的情况下 $f_{ip} \geqslant f_{ij}$。

由机制 M 满足准则 1，有

$$(f_{ip} - f_{ij})(F_{ip} - F_{ik}) \geqslant 0$$

因此，有

$$F_{ip} \geqslant F_{ik} \qquad (2\text{-}7)$$

式（2-7）表明，在其他参与者策略不变的情况下，任意参与者 i，策略偏离均衡点所对应策略的公共利益不增加，所以 P 是公共利益的极大值点。因此，满足准则 1 且存在静态均衡点的机制，满足激励相容。

准则 2　优势策略准则。

在机制 M 中,参与者不少于 2 个,任何一个参与者策略满足如下条件,则称机制满足优势策略准则,即

$$f_{ij} - f_{ik} \geqslant 0, \quad 任意 \; s_{-i}$$

或者

$$f_{ij} - f_{ik} \leqslant 0, \quad 任意 \; s_{-i} \tag{2-8}$$

无论其他参与者采取什么策略,参与者 i 采用 s_i 策略总是好于 s_k 策略; s_j 策略总是差于 s_k 策略,与其他参与者的策略无关。假设参与者 i 采用 s_j 优于采用 s_k,当其他参与者采取不同策略时,参与者 i 的利益可能发生变化,但优劣对比关系总成立。

目前的机制设计在讨论多个参与者时,假设各个参与者之间的利益相互没有影响。该假设在实际情况中,一般是不可能成立的。例如,在发电市场中,各个发电厂的报价策略,使它们相互之间存在利益关系。准则 2 比该假设弱,降低了机制设计的要求,并符合更多的实际情况。可使各个参与者之间策略相互影响,但在设计支付矩阵与支付函数时,可以通过控制各个参与者相互影响的程度,使之满足准则 2。

定理 2　满足准则 2 的策略,存在静态均衡点,且均衡点是各个参与者利益的全局最优点。

定理 2 是显然成立的。因为每个参与者都有自己的占优策略,而且各个参与者占优策略形成的组合就是博弈结构的静态均衡点。

准则 3　严格优势策略准则。

机制 M 满足准则 2,同时每个参与者存在严格占优策略,则称该机制满足严格优势策略准则。

准则 3 与准则 2 的差别是满足准则 2 的机制不一定存在严格占优策略,即参与者利益最优的策略可能不唯一。

定理 3　满足准则 3 的策略,存在唯一静态均衡点,且均衡点是各个参与者利益的全局最优点。

定理 3 如同定理 2,是在定理 2 的基础上进一步限定范围。

定理 4(充分不必要条件)　同时满足准则 1 和准则 2 的机制,满足激励相容的原则,而且均衡点是公共利益和参与者个体利益的全局最

优点。

证明 设机制 M 满足准则 1 和准则 2。根据定理 2，M 存在静态均衡点 P，且静态均衡点为各个参与者个体利益的全局最优点。

根据定理 1，M 存在静态均衡点，且满足准则 1，所以 M 满足激励相容。

由于 P 是各个参与者的全局最优点，即无论其他参与者采取何种策略，$f_{ip} \geqslant f_{ij}$ 恒成立，其中 f_{ip} 为参与者采用 P 策略组合时对应策略的利益；f_{ij} 为参与者 i 采用其他策略的利益。对应的，根据准则 1，无论其他参与者采取何种策略，$F_{ip} \geqslant F_{ij}$ 恒成立。所以，在 P 也是公共利益的全局最优点。

定理 5 在一项机制中，只要有一个参与者在均衡点的策略不是机制设计者期望的策略，就表明该机制不满足激励相容的原则。

定理 5 是显然成立的。

应用激励相容的判断准则，可以看到囚徒困境是典型的激励不相容。在该例中，囚徒困境的博弈结构满足准则 2，但是不满足准则 1。

2.4.4 激励相容新设计标准的意义

根据上述分析，准则 1 和准则 2 设计的机制能确保机制具有激励相容的特点，而且还具有如下重要意义：

① 确保均衡点是全局最优点。若还满足准则 3，确保均衡点唯一。

② 给出了最优策略的引导过程，因为参与者选择自己的最优策略不依赖于其他参与者的选择，各个参与者将根据自己的最优策略，直接选择最优策略，而无需经过动态迭代过程。因此，机制形成一个稳定的博弈结构，无论参与者采取合作博弈的策略，还是非合作博弈的策略，都能实现预定的目标。

③ 使激励相容理论应用到多个参与者的情况时，更符合实际情况。

④ 对参与者的知识、认知能力要求都很低，不需要理性经济人假设和完美信息假设，只需要假设参与者追求个体利益最大化，因而更符合实际情况，更容易实现。

⑤ 应用更简单。

例如,若输配电企业能将不合理的成本计入总成本,并通过电价转嫁给电力用户或者从政府获得补贴,即企业可通过损害用户利益(公共利益)来提高自身利益,不满足准则1。改变现状的基本思想是将输配电利益与公共利益一致。当成本降低时,允许输配电企业保留部分;成本高于监管机构划定的标准成本时,超出部分由企业自行负责一部分。可见,本章提出的判断准则,在无法定量分析的情况下也可以应用。在实际情况中,由于存在很强的信息不对称,激励相容的机制分析在大部分例子中只能做定性分析,本章提出的准则能直接应用。应用新的激励相容的机制设计和评估准则能简化分析。

2.5　激励相容的机制设计方法与评估方法

采用激励相容的原则设计机制,主要步骤如下:

第一步,明确该机制的参与者。

第二步,确定最优目标,即各方协作所能取得的最大公共利益。

这一步并不是必要的。激励相容保证参与者在各个策略点实现个体利益与公共利益的一致性,所以求解社会最优利益并不是必须的。但是,为了检验机制设计的准确性,或者为了求解社会期望策略,在很多案例中不得不分析计算社会最优利益。

第三步,确定各个参与者的社会期望策略。

第四步,根据上述分析设计支付矩阵(支付函数),使社会期望策略与参与者最优策略保持一致,当任何一个参与者改变策略时,公共利益与参与者利益保持相同的变化方向。

第四步最关键,设计支付矩阵和支付函数的过程是一个泛函求解过程,纯粹依靠数学方法是很难实现的,往往要根据具体问题的特点设计支付矩阵(函数)。

采用激励相容的方法进行评估时,与设计机制的基本原理和步骤是一致的。本章将评估电力监管中两项重要机制。

2.6　电力工业垂直垄断运营机制不满足激励相容

我国已对垂直垄断一体的电力工业运营模式进行了改革,实现了厂网分开[31~33]。但分析垂直垄断一体的电力工业运营模式仍有如下方面的意义:

① 辅助分析电力体制改革的目标(提高效率)是否达到。通过评估垂直垄断的电力工业,分析造成垂直垄断运营模式效率低下的原因及其具体的环节,从而分析电力体制改革是否解决了这些问题,解决方案是否具有针对性,效果是否令人满意。

② 后验评估电力体制改革的意义在评估垂直垄断电力工业效率的基础上,可以检验电力体制改革的成本是否低于改革所带来的效益。

③ 为将来继续推动电力体制改革提供参考。目前我国虽然实施了厂网分开的改革,但是相关的配套措施并没有完全建立,电力体制改革还有很长的路要走。例如,发电侧的竞争机制仍有待完善,用户侧开放还在研究中等原因。电力体制改革不会一蹴而就,需要在不断反思、修正的过程中曲折前进。对垂直垄断的电力工业的评估是反思电力体制改革的手段。

垂直垄断一体的电力工业,在几个重要的方面不满足激励相容,并导致效率损失,主要体现在如下几个方面:

(1) 纵向市场力

在我国启动电力体制改革之前,原国家电力公司拥有 50% 左右的统调电厂,其余部分是外资、集资、地方资本等多种资本来源的电源。电力公司在产业链中同时经营多种产业,各个产业相互补贴所形成的市场力,称为纵向市场力。由于垂直垄断经营,电力企业具有纵向市场力[34],可以排挤其他电力投资者、实施交叉补贴等[35],导致效率损失。纵向市场力导致效率损失的主要原因是发电厂上网的经济顺序被扭曲,各发电企业存在争取发电指标的交易成本。电力企业使用纵向市场力,使运营偏离理想的方向,因为电力企业的行为不满足激励相容的原则。

（2）激励不足导致的效率损失

市场机制带来效率的根本原因是激励机制。市场竞争激励各个市场成员提高效率、降低成本，采取各种经营策略[36,37]。在垂直垄断模式下，电力企业旱涝保收，缺乏应有的激励，缺乏积极进取的动力，缺乏优化资源配置的动力，从而导致浪费、技术更新缓慢等现象[38~41]。电力企业最优策略与社会期望策略不符，电力企业可以通过损害公共利益增加自身利益，所以不满足激励相容原则，并导致公共利益损失。

（3）市场封闭导致的效率损失

市场封闭导致的效率损失是指由于其他投资者不能进入该市场而导致的社会效率损失[42]。

2.6.1　纵向市场力与激励不相容

电力公司如何使用自己的纵向市场力，会带来什么样的效率损失，电力体制改革是否可以解决这个问题。本节分析纵向市场力操纵市场的具体手段，提出量化分析效率损失和由此导致的购电成本变化的方法。

发电和输电占电力总成本的大部分，我国目前的电力体制改革重点也是发电和输电企业的改革。直观的结论，电力公司将在交易中优先考虑与自己利益关系密切的发电企业，即使用纵向市场力操纵发电市场。下面先用一个两机组的简单例子来分析纵向市场力的使用过程及其后果。

设两台机组 U 和 V，机组 V 与电力公司没有利益关系；机组 U 为电力公司内部的发电企业。设机组 U 和 V 的边际成本和价格关系如图 2.3 所示。机组 U 的边际成本低于 V 的上网电价。在此情况下，电力公司将优先使用 U，尽管 V 的边际成本和价格都对应低于 U。这是因为对电力公司而言，使用 U 机组发电的边际成本就是该机组发电的短期边际成本；使用 V 机组发电的边际成本，是该机组的上网电价。发电的短期边际成本低于平均成本，因此一般情况下一台机组的边际成本与其他机组的平均成本相比，具有明显优势。在图 2.3 中，P 表示价格，MC 表示边际成本。

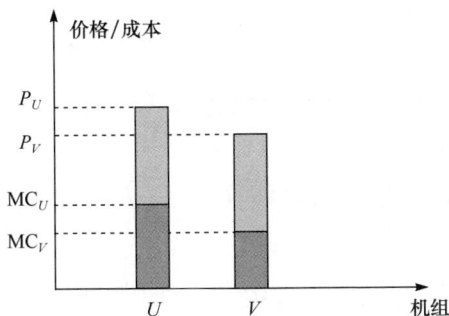

图 2.3 纵向市场力示意图

这说明,当不同的机组与电力公司利益关系程度不同时,机组上网发电的经济顺序就会被扭曲,导致电力公司的最优策略与社会期望策略不一致。由于机组 U 与电力公司具有共同利益,因此获得了优先上网的特权。

在图 2.3 中,假设应由机组 V 发的电量 E 实际由 U 发出,那么电力公司的购电费用增加 $(P_U - P_V)E$,生产效率损失 $(MC_U - MC_V)E$。

下面进一步考虑多机组,且不同的机组与电力公司有不同利益关系的情况。

设有 N 个发电机组 $u_i (i=1,2,\cdots,N)$,u_i 的装机容量为 C_i,电力公司与机组的关联度为 k_i,其中 $0 \leqslant k_i \leqslant 1$。关联度的含义是在机组 u_i 的利益中,有多大比率转化为电力公司的利益,即机组利益有多大比率是和电力公司的共同利益。机组与电力公司最主要的利益关系纽带是产权关系。在厂网分开前,关联程度可以视为电力公司直接或者间接持有 u_i 机组的股份比率为 k_i。

设 u_i 的上网电价为 p_i,边际成本为 mc_i,p_i 减去 mc_i 的部分是 u_i 的生产者剩余[43],因为电力公司在 u_i 中持股 k_i,所以电力公司也可以从中获取 $k_i(p_i - mc_i)$ 的利益。由理论分析可知,计划方式下效率最高的方式是按照机组的边际成本 mc_i 确定发电的优先顺序;在市场条件下是按照机组的价格排序。由于不同的发电企业与电力公司具有不同的关联度,因此电力公司采购电力可简化为

$$\min f = \sum_{i}^{N} [p_i - k_i (p_i - mc_i)] E_i$$

$$\text{s. t.} \quad \sum_{i=1}^{N} E_i = E \qquad\qquad (2\text{-}9)$$

其中, f 是购电成本; E_i 是第 i 个机组 u_i ($i=1,2,\cdots,N$) 的上网电量; E 是总电量。

可以看到,电力公司实际将按照 ($p_i - k_i p_i + k_i \text{mc}_i$) 排序来确定机组上网的优先顺序。

在厂网完全分开的情况下,电力公司与所有机组关联度都等于 0,将根据上网价格排序,与边际成本无关。在电力公司完全垄断的情况,电力公司与所有机组关联度等于 1,将根据机组的边际成本确定优先顺序。在各个机组与电力公司的关联度不相等的情况下,发电机组上网的优先顺序既不依据边际成本,也不同于上网电价,而是由边际成本、上网电价和关联度三个因素综合决定,与社会期望策略存在明显的偏差。

下面采用一个 4 机组的简单系统来具体说明纵向市场力导致的效率损失和总购电费用的增加。

以实时调度为例,设在某一个小时内,需要增加 20MW 的出力,有 4 台机组备选,这 4 台机组的数据如表 2.1 所示。

表 2.1　纵向市场力算例的机组数据

机组编号	剩余可用容量/MW	边际成本 /(元/MWh)	上网价格 /(元/MWh)	关联度
1	8	250	450	1
2	5	240	350	0.75
3	5	220	380	0.3
4	10	200	360	0

根据市场原则,应按照上网价格的优先顺序购电,才能使总购电费用最低。社会期望的合理顺序是 (2,4,3,1)。机组出力及购电费用如表 2.2 所示。

表 2.2　厂网分开下的经济调度顺序

机组编号	价格/(元/MWh)	使用容量/MW	购电费用/元
1	450	0	0
2	350	5	1750
3	380	5	1900
4	360	10	3600
合计	—	20	7250

考虑关联度，排序依据的参数分别为

$$u_1=(1-k_1)p_1+k_1\mathrm{mc}_1=250(元/MWh)$$
$$u_2=(1-k_2)p_2+k_2\mathrm{mc}_2=267.5(元/MWh)$$

依此类推，机组 3 和机组 4 分别依据 332 元/MWh 和 360 元/MWh，所以在纵向市场力作用下，排序为(1,2,3,4)。因此，机组出力和购电费用情况如表 2.3 所示。

表 2.3　纵向市场力作用下的经济调度顺序与购电费

机组编号	价格/(元/MWh)	使用容量/MW	购电费用/元
1	450	8	3600
2	350	5	1750
3	380	5	1900
4	360	2	720
合计	—	20	7970

对比这两种情况可得，购电成本增加了 720 元，增加比例为 9.93%。由该例可以看到，价格越高的机组关联度越大，对市场的扭曲就越大，购电成本就增加越多，效率损失越大。而且，与电力公司关联度越大的发电厂，由于受到电力公司纵向市场力的保护，降低成本的激励越小；在价格主管部门批复上网电价的机制下，电力公司比其他投资主体的发电厂有更多的资源和机会使其所属的发电厂获得较高的批复电价。

从边际成本的角度考虑，按照最优的经济顺序，发出 20MWh 电量增加的发电成本将是 4300 元。由于纵向市场力的作用，扭曲市场后发电成本将是 4700 元，成本增加了 9.3%。

在存在纵向市场力的情况下,电力企业不会公开,完全按照上述方法操纵市场。首先,电力公司一般不能完全自由决定采购电量,每个机组在价格主管部门批复上网电价时,批复了上网电量的基数。电力公司一般应满足这些电厂的上网基数电量。其次,公开按照上述思路操作,将使电力公司面临过大的舆论压力。但是由于信息不对称,电力公司可以通过其他不相关因素实现操纵市场的目的。例如,以过高的安全裕度为手段,或者在调度中以各种技术和安全理由为手段。

由于激励不相容,电力公司扭曲经济顺序的现象在垂直垄断经营的电力工业体制中是必然存在的。由于数据难以获取,不能对厂网分开前纵向市场力导致的效率损失进行量化分析,只能在一定的假设条件下估算。假设电力公司可自由决定采购计划的量在20%左右,受舆论和监管的影响,电力公司也难以完全按照自己的最优策略实施。在上述情况下,电力公司在自由采购的电力/电量中使用纵向市场力,将导致5%左右的电价上浮。综合考虑自由采购电量比率和效率损失率,可能造成1%左右的效率损失。

电力公司可以自由决定采购的电量越多、高价(高成本)机组与电力公司的关联度越大,纵向市场力导致的购电费用的增加、效率的损失就越大。除了在有功出力和有功电量方面,在辅助服务方面同样存在这些问题。在电力系统中,有些辅助服务没有定价,具体承担的程度由调度机构具体的调度指令确定,因此在义务分配上也存在该问题,分配过多义务给关联度低的机组。

总之,纵向市场力将导致如下问题:

① 扭曲发电厂上网的经济顺序,总购电成本增加。总的购电成本增加后,电力公司将这部分成本转嫁给用户,导致社会福利降低。

② 关联度大的电厂缺乏降低成本的动力。只要边际成本跟系统外电厂的总成本具有可比性,就可以稳获市场份额。这也会导致效率损失,这部分效率损失是隐形、难以量化估计的,而且影响是长远的。

③ 妨碍投资。新投资者只有在自己的总成本比电力公司所属电厂的边际成本更低的情况下,才能在市场中获得优势。

在缺乏监管的情况下,如果电力公司可以轻易通过提高售电价格来回收增加的购电成本,那么即使投资者建设的发电厂的上网价格低于电力公司所属电厂的边际成本,电力公司仍然有可能优先使用自己的电厂而不使用其他投资者建设的电厂,效率损失更大。

2.6.2　激励不足导致的市场效率损失

垂直垄断经营的企业激励不足。电力企业可以轻易夸大成本并转移给用户,从电价中回收被夸大的成本,在损害公共利益的同时增加自身利益,因此不满足激励相容。

激励不足现象在所有垄断经营的部门中普遍存在。本节根据基于绩效的管制思想,提出量化评估我国电力工业由于缺乏激励导致的效率损失的方法。

基于绩效的管制有两种基本思路,一是价格上限制管制,二是利润上限制管制。价格上限制的基本思路为[44]

$$p = p_0(1 + I - x) \tag{2-10}$$

其中,p_0 是上一管制周期末的管制价格;I 是同期通货膨胀率;x 是效率因子,是监管机构要求被监管企业提高效率的速度;p 是在新的管制周期中监管机构允许的价格上限。

在新的管制周期,监管机构允许被管制企业的价格是上个管制周期价格通过通货膨胀修正后,按照规定的效率因子降低比率。x 因子一般参照同期其他行业的平均效率因子制定,或者根据被管制企业的具体情况设定。假设某企业以 5 年为管制周期,在上一管制周期的最后一年,管制价格为 100,设效率因子为 0.03,在新的管制周期,设第一年的通货膨胀率为 0.02,则企业在新的管制周期第一年的价格上限为 99。

在基于绩效的管制中,监管机构通过设定 x 因子,激励电力企业效率提高,达到或者超过 x,x 体现被管制企业在监管机构激励下的效率提高程度。本章通过计算我国垂直垄断的电力工业在历年的运营中实际的 x 因子,来评估我国电力工业是否由于激励不足导致效率损失。若 x 因子为正,表明效率提高,可进一步与其他行业,尤其是跟电力密切相关、成本具有相似性的其他竞争性行业对比,分析效率提高程度是否达到应有水平;x 因子为负,表明效率降低。

　　本节根据上述思路,实际测算我国电力工业 x 因子。测算结果表明,我国电力工业自 1990 年以来,平均效率因子基本为 0。以 2003 年为例,居民消费价格是 2002 年的 1.012099 倍。通过对河北、山西、青海、吉林、黑龙江、辽宁、江苏、浙江、华中地区、新疆、南方等省市、大区电网销售电价调研[①],2003 年销售电价是 2002 年的 1.007303 倍。因此,2003 年电力工业效率因子为 0.48%,即 2003 年上述地区电力工业效率平均提高 0.48%。1998 年和 1999 年上述地区平均效率因子小于 0。

　　上述测算初步表明,我国电力工业在垂直垄断经营条件下,效率提高乏力。由于数据来源不足,所以我们没有对历年全国各省的情况分别分析与评估。不过,监管机构可应用我们提出的分析方法,评估电力工业的效率。在对整个电力工业进行效率评估的基础上,可以进一步对发电和输配电环节进行分析。对发电环节依据综合上网电价,对输配环节依据综合用电价格减去综合上网电价。

　　此外,还应考虑以下方面的影响:

　　① 我国过去很长一段时间里,政府投资是不考虑回收的,是财政支出;在"拨改贷"后,价格必然有一定的上升。这部分电价上涨与效率是无关的。不考虑回收投资的电厂和考虑回收投资的电厂混杂在一起,因为不考虑回收投资的电厂尚未完全退役,只是需要回收投资的电厂的比率越来越重。在比重上升的过程中,电价自然也在逐渐攀升。而且,由于电力工业的建设周期比较长,电力资产的经济寿命也比较长,因此在较长的时间跨度上综合分析比短期分析更合理。

　　② 导致电力生产成本上升的因素,可能与通货膨胀率不同。在式(2-10)中,I 表示通货膨胀率,被认为是电力生产成本合理上涨的因素。但是,电力生产成本的合理上涨程度可能与通货膨胀率不同,关键是燃料价格的上涨幅度。

---

　　① 资料来源:《中国电力年鉴》2003、2004 年各地区电力工业统计数据。由于各地电力公司统计数据不同,上述地区电力公司统计了售电量和售电收入,没有列入的地区,没有统计售电收入。

2.6.3　市场封闭导致的效率损失

这方面的效率损失主要是由于其他投资者不能自由进入,如上述分析的纵向市场力的影响,社会上的其他投资者投资电力面临的门槛高于合理值,阻碍社会资产进入。在电力企业本身无力投资的情况下,其他投资者也无法进入投资,导致缺电并损害公共利益。我国曾长期经受缺电局面,原因之一就是投资来源渠道少,投资能力不足。该效率损失主要是用户的间接损失,是社会的缺电损失。基本评估方法是分析单位电量的社会价值,然后乘以缺电量。

另外,更有禀赋的投资者和运营者不能进入该市场,也导致运营效率的提高比较缓慢。

由于量化分析需要采集大量的数据,同时我国电力工业信息披露不充分,我们很难获得这些数据,因此这里不展开这方面的分析。

2.7　边际电价机制评估

竞价机制是电力市场机制中的核心组成部分。边际电价机制在power pool 模式的电力市场中被广泛采用,我国目前的电力体制改革初期目标也是建立 power pool 模式的发电侧电力交易体系。

由于竞价模式的博弈结构涉及的参与者非常多,衡量其是否满足激励相容的原则,是一项系统而复杂的工作。通过研究发现,在单一买主模式下的边际电价机制中,电网公司的策略不满足激励相容的原则。电网公司是关键性的市场成员,对市场的各个方面有重大影响。因此,电网公司的策略不满足激励相容,说明边际电价机制存在重大缺陷。下面具体分析不满足激励相容的原因[45]。

2.7.1　边际电价机制不满足激励相容的原因

在竞价机制所调整的关系中,主要参与者是各个发电企业和电网公司,电网公司是电力/电量的单一购买者。

在公共利益最大化时,发电厂应按照自己的边际成本报价,电网公司尽可能满足负荷需求。各中标机组统一按照系统边际电价结算。

在 power pool 模式下,电网公司从市场中购电需要决策的主要变量是购买量,购买价格是在确定购买量后,由各个发电厂的报价曲线决定的。

根据微观经济学的厂商理论,电网公司从市场中购买的量在实现其最优利益时,满足如下原则:在边际成本等于市场价格时,购买量最优[46]。因此,若不考虑网损和输配电成本,电网公司从市场中采购电量的最优值在购电的边际成本等于市场价格时取得。该结论可以从微观经济学基本理论中直接得出结论,这里不展开相关推导。下面具体推导电网公司最优策略点。

为简化分析,说明问题的本质,假设在 power pool 模式中,各发电厂的综合报价曲线(供给曲线)如图 2.4 所示。

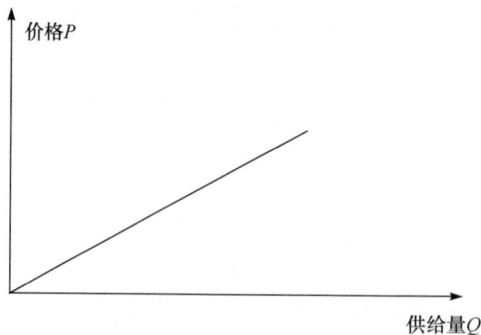

图 2.4　供给曲线与电网公司最优策略

设综合报价函数为

$$P = aQ \tag{2-11}$$

其中,P 为价格;a 为报价曲线的斜率;Q 为电量。

电网公司购电的边际成本为

$$MC = \frac{\partial C}{\partial Q} = \frac{\partial(PQ)}{\partial Q} = 2aQ = 2P \tag{2-12}$$

其中,C 为购电总成本;MC 为边际成本。

可以看到,购电的边际成本在供给曲线的任何一个点上,均等于系统边际电价 P 的两倍。

下面以一个简单的例子来阐明不满足激励相容的原因及具体表现。设负荷为 8000MW，对应的价格为 300 元/MWh，即 a 为 0.0375，若综合销售电价为 450 元/MWh，其中输配电平均成本为 150 元/MWh，那么电网公司利益最优时，购电的边际成本应为 300 元/MWh。

从以上分析可以得知，在负荷为 8000MW 的点上，市场边际电价为 300 元/MWh，但电网公司购电的边际成本是 600 元/MWh。电网公司决策采购量，将采购量控制在 4000MW 时，采购的边际成本等于 300 元/MWh，实现利益最大化。由于负荷为 8000MW，这是社会期望电网公司从 power pool 中采购的电量，而电网公司的最优策略是采购 4000MW，这其中存在巨大的落差。因此，电网公司的策略不满足激励相容[44]。

虽然迫于公众压力，电网公司不可能这么大幅度压缩负荷，但是在 8000MW 的基数上，电网公司以某些理由，压缩 1 万千瓦或者 10 万千瓦的负荷，就有可能使每小时的盈利增加数万元甚至更多的利润，而承受损失的主要是用户。

产生上述现象的根本原因是，电网公司购电的边际成本与系统发电的边际成本是不一致的。在上述简单模型中，电网公司购电的边际成本等于市场中边际电价的两倍。因为在边际电价机制下，基数电量的价格也随之增长。在实际情况中，电网公司购电的边际成本远高于系统边际电价的情况将更明显。

从发电厂的角度分析，也可以证明发电厂的策略选择也有不满足激励相容原则的方面，也可能损害公共利益。限于篇幅，本章不展开分析。

2.7.2　拓展分析

上述分析是在 power pool 模式下做出的。如果不是 power pool 模式，是否会出现同样的或者相似的结果？造成上述问题的核心原因，是 power pool 模式，还是边际电价机制？

假设取消电网公司的单一买主，由各配电企业和大用户直接申报买电，但仍然按照边际价格成交。由于边际成本的上涨由数量较多的

购买者分摊,分摊比率是所购电量占总量的比重,即

$$\frac{\partial C_i}{\partial P_i} = E_i = \frac{E_i}{E} \cdot \frac{\partial C}{\partial P} \qquad (2-13)$$

在开放用户参与市场后,每个购电主体所购电量在总购电量中的比重会比较小,所以上节描述的现象可基本消除。

在用户参与竞争的情况下,购电是用户自己的消费行为,用户降低用电量是用户的需求弹性导致的合理现象,可引导用户的用电行为。

因为总利益没有优化的空间,从激励相容机制的基础角度分析,总利益固定的博弈问题(如零和博弈)宜采用管制机制。

在发电侧市场中,没有用户参与,总负荷是固定的,销售电价也是相对稳定的。以用户利益为代表的公共利益与以电力企业为代表的博弈机制的参与者的利益没有建立关联关系,不能形成利益关系相互促进的机制。因此,可近似认为这是一个总利益为常数的博弈结构。在这种博弈结构下,监管机构的主要目标是防止一些不公平的行为发生,在规则中不得不大幅度限制市场成员可选策略范围,如图 2.5 所示。

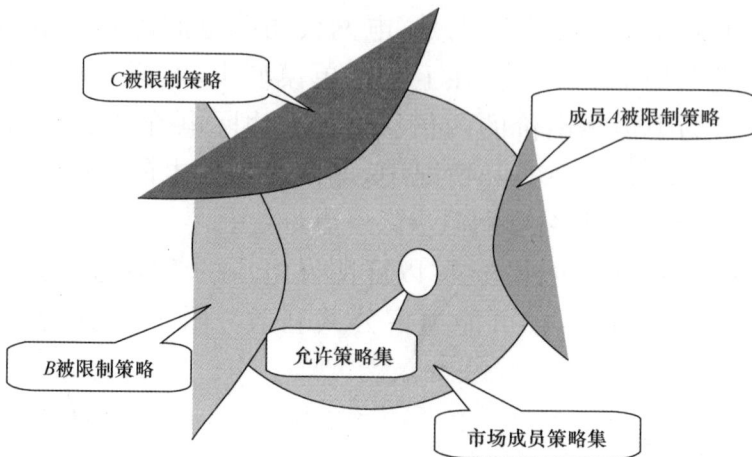

图 2.5　用户侧不开放的发电竞争可行策略示意图

如图 2.5 所示,监管机构不得不限制一些成员的策略空间以保证公平,最终各个成员可选的策略空间被大幅度压缩,实质效果如同管制。

2.8 小 结

机制设计是电力监管的基础组成部分。激励相容应作为机制设计的基本原则,只有满足激励相容原则的机制才具有生命力,否则参与者采取的策略将偏离社会期望策略,从而导致不公平、社会效率损失等后果。

本章提出了新的激励相容设计准则和判断准则,并将激励相容的分析方法应用到电力市场中的两个重大问题的分析中,大大增强了激励相容机制设计的可操作性,为电力监管中全面应用激励相容奠定基础。依据新准则设计的机制,能使参与者个体利益和公共利益达到全局最优,引导参与选择最优策略的过程明确,对参与者的能力、掌握信息的要求都大大降低,机制的稳定性更强。

在对垂直垄断一体的电力工业运营模式的分析中,量化分析了纵向市场力与激励不足造成的效率损失。在对边际定价机制的评估中,指出了边际定价机制不符合激励相容的基本原因是电网公司购电的边际成本明显高于系统边际电价,从而导致电网公司有足够的激励不正常削减负荷。最后,本章提出了一种激励相容的电力市场竞价模式的框架设计。

通过这些分析,展示了激励相容的机制设计和评估方法,揭示了制度因素对市场效率的影响方式。通过具体案例,说明了不满足激励相容的机制会导致市场效率损失,并提出了相应的监管方法。

第三章 发电监管

3.1 概 述

发电环节相对于电力工业的其他环节,更适合引入直接的市场竞争。在世界各国的电力体制改革中,一般首先在发电环节引入一定程度的市场竞争[47]。电力工业固有的特点,如规模效益、系统实时平衡、资金密集和技术密集等,使发电环节普遍存在市场力。因此,如何对发电厂进行监管、评估、预防、削减发电厂的市场力,是国内外电力监管的关键任务之一。

在市场模式下,发电监管的主要内容是市场力监管。市场力是指供应商在较长的时间内,将市场价格控制在显著高于边际成本的能力[48,49]。对发电厂市场力的评估包含三个方面,分别是发电厂是否具有市场力、市场力的大小;发电厂使用市场力的手段;发电厂是否使用市场力,以及使用市场力带来的后果。

市场力是普遍性存在的,完全竞争的市场在现实中几乎是不存在的,绝大部分市场都不同程度面临市场力的问题。不过市场力的形成原因、市场力大小及其影响都有各自不同的特点。电力企业因其规模效益、资金密集、技术密集,以及电力系统需要实时平衡等特点,导致市场力比较显著。

市场成员使用市场力的基本方法是,操纵市场供需情况,改变市场均衡状态,达到操纵市场价格、谋取超额利润的目的。所以,研究市场力,首先要从研究市场成员对市场供需情况的影响能力入手,然后分析供需情况的变化对市场价格的影响,最终立足于分析市场成员对市场价格的影响能力。

在电力市场中,市场力的形成具有鲜明的经济和技术背景,并与政策密切相关。电力市场中的市场力主要特点如下:

① 边际成本低于平均成本,发电厂、电网公司回收平均成本是合理的、必要的,不能只回收边际成本。因此,用一般商品市场的市场力标准来评估电力工业,将存在偏差。

② 电力需要实时平衡,电力生产和传输中受到很多物理条件的约束,这些特性使区域性市场力(local market power)非常显著。区域性市场力在其他商品市场中也一定程度存在,但都不及电力市场中的区域性市场力显著。

③ 供需情况对市场力的影响非常明显。

当供不应求时,发电厂的市场力非常显著;当供过于求时,由于发电的沉淀成本比较大,发电厂之间为了争夺市场份额,竞争必然非常激烈。

在已有的电力监管研究与监管工作中,已经提出了相当多的监管指标。其中研究最深入的两个指标是 HHI 指数和 Lerner 指数,它们也得到了广泛地应用,如新英格兰 ISO、纽约 ISO 和加州 ISO[50~55]。文献[50]分析了 HHI 不能反映区域性市场力的原因,即电力不能像普通商品一样自由流动。在文献[54]中,Bushnell 和 Borenstein 博士提出了一种竞争条件下市场运营情况的新模拟方法,计算 Lerner 指数,并对美国新英格兰区域市场的实际运行情况进行了评估。在该评估中,对市场力的成因、动用市场力的方法和表现等进行了深入分析,模拟了新英格兰地区理想的运营情况,将实际运营情况与之对比,获得了比较令人信服的 Lerner 指数估计值。在文献[55]中,探讨了电力市场中市场力评估的复杂性,在考虑机组的开停机成本的基础上,评估如果价格机制中不单独支付发电厂开停机成本,发电厂面临的风险增加,以及发电厂为规避该风险而将采用的策略。

HHI 指数和 Lerner 指数具有深刻、朴素的经济含义。HHI 指数定义为所有供给商市场份额百分数的平方和[56~58],即

$$HHI = \sum_{i=1}^{N} s_i^2, \quad i=1,2,\cdots,N \qquad (3-1)$$

其中,N 表示市场成员的个数;s_i 表示市场成员 i 的市场份额。

平方和体现了欧氏几何空间距离,因而 HHI 指数具有深刻的内

涵。在欧氏几何空间,任意两点之间的距离定义为

$$S = \sqrt{\sum_{i=1}^{n} (x_i - y_i)^2} \tag{3-2}$$

其中,n 为空间的维数;x_i 为第一点的第 i 维坐标;y_i 为第二点的第 i 维坐标。

在完全竞争的市场中,每个市场成员都不足以影响市场供需情况,市场份额都趋于 0,用 s_{i0} 表示市场成员的市场份额,则 $s_{i0} = 0$。

$$\text{HHI} = \sum s_i^2 = \sum (s_i - s_{i0})^2 \tag{3-3}$$

因此,HHI 指数是市场实际情况与完全竞争的欧氏几何空间距离。由于欧氏几何距离空间符合常规(线形空间)距离分析,因此在绝大部分市场中,HHI 指数既简单又富含客观的市场力信息。但是,HHI 指数隐含商品可以自由流动的假设。该假设对市场经济下大部分商品和服务是基本成立的,但是电力由于受到特定的传输通道约束、网络实时平衡约束、机组约束等影响,区域性市场力明显强于其他行业。一些文献已经在这方面做了一些反思和总结[59]。

Lerner 指数定义为市场价格相对系统边际成本的上涨程度[60~64],即

$$\text{Lerner} = \frac{P - \text{MC}}{P} \tag{3-4}$$

其中,P 为市场价格;MC 为边际成本。

Lerner 指数存在两个方面的问题,一方面很难估计企业真实的边际成本,在市场中,该信息是企业的秘密信息;另一方面发电的边际成本低于平均成本,完全竞争是不现实的。

文献[65]总结了美国加州电力监管 2002 年前的情况,提出了一系列监管指标,如供给剩余系数 RSI。某发电商的供给剩余系数定义为,除该发电商外,市场剩余总供给除以总需求。若一个发电商的供给剩余系数小于 100%,则表明若没有该发电商的供应,市场总供给小于总需求,该发电商就成为必须运行的发电商。国内外在研究市场力指标时,较少考虑到市场的供需情况,RSI 是最典型的考虑市场供需情况的指标。

目前,综合分析造成市场力的各个因素的文献还比较少见,一般是

针对某个因素进行分析,如 HHI 指数针对市场集中度进行分析;RSI 分析市场供需情况。在文献[66]中,Yang 提出了一个综合指标 JYMMI,用一种简单的方法将 5 个因素综合在一起,即每个因素用一个独立的指标评估,每个指标设定一个基准值,JYMMI 等于超过基准值达到警戒水平的指标数。例如,当一个市场力指标超过警戒水平时,JYMMI 等于 1;JYMMI 是 0～5 的整数。该指标用简单相加的方法综合分析市场力,还不能精确地综合评估发电厂的市场力。

国内一些学者为建立市场力的评估指标体系也做出了大量富有成效的工作。例如,文献[67]研究了市场监管指标体系及市场评价体系,系统地介绍了市场供需、市场结构、竞标策略、供应者地位及交易结果等 5 类市场监管指标的定义、含义和应用方法。在文献[68]中,总结了发电厂使用市场力控制市场的主要方法,即通过缩减供给量,控制供需关系,从而达到控制市场价格的目的。缩减供给量有两种基本方法,一种称为经济缩减,即申报过高的价格故意不中标,导致市场供给紧张;一种称为物理缩减,即故意隐瞒可用容量。文献[69]分析了限制动用市场力的限价措施。

目前,关于电力监管的研究大量集中于对发电厂市场力的研究,主要包括如下几个方面:

① 使用 HHI 指数或者 Lerner 指数评估某个市场中的市场力[61,70]。

② 使用市场模拟等方法对市场力造成的效率损失进行评估[71]。

③ 研究各种因素对市场力的影响,如网络约束、集中度等。

这里提出全面、准确衡量发电厂是否具有市场力的方法,基于有效竞争评估发电厂是否动用市场力,并在此基础上对发电市场运营模式提出新的建议。

3.2　市场力指标分类

制定评估指标,通过指标反映市场的健康程度,并由此采取相应的措施,是监管的重要手段。在电力监管中,评估指标是一个复杂的体系,在不同的层次、不同的对象等方面,包含多种指标。对指标的合理分类,有利于建立全面、合理的监管体系。本章对市场力指标的这些分类,多数也适应于其他市场评估。

3.2.1　纵向市场力和横向市场力

纵向市场力是指企业同时经营一个产业链的多个环节,即同时经营上下游,从而取得的经营优势。在第二章的分析中已经对这方面进行了分析。

横向市场力是指一个企业在一个产业链中的一个环节,由于规模、技术、政策或者其他原因形成控制价格的能力。

在厂网分开后,纵向市场力问题已经基本不存在。因此,讨论的市场力问题,一般指横向市场力。如果本章未特别说明,市场力也指横向市场力。

3.2.2　微观指标与宏观指标

按照分析对象的层次,评估指标可分为如下两大类指标:

① 微观指标,对市场成员个体的评估指标,如某个特定发电厂的市场力。

② 宏观指标,对市场宏观运营情况的评估指标,如对整个市场的市场力、市场效率等的评估指标。

3.2.3　结构性市场力与市场力使用程度

我们认为根据市场力的状态,可将市场力指标分为两种类型,分别是结构性市场力指标(简称结构指标)和市场力使用程度评估指标(简称结果指标)。

结构指标用来衡量发电厂是否拥有市场力,以及市场力的大小。发电厂是否拥有市场力是由发电厂的规模、所处位置、技术性能、机组类型和电力工业的特点等因素决定的。这些因素都受电力工业客观条件的影响,与发电厂采取何种竞价策略无关。因此,将这类指标称为结构指标。

结果指标是衡量发电厂是否使用市场力,使用市场力对市场价格和市场效率的影响程度的指标。由于这些指标反映发电厂使用市场力的结果，因此将这类指标称为结果指标。

在目前最常用的指标中，HHI 指数属于结构指标，Lerner 指数属于结果指标。

如果不区分结构性市场力的使用程度，笼统地追求削弱市场力，将导致一些不必要的成本。结构性市场力是由电力工业的特点决定的，削弱它需要付出比较大的代价，如需要牺牲规模效益、提高系统的发电备用容量、输电备用容量等，电力用户将是这些经济代价的最终承担者。

合理情况下，可以在保留一定的结构性市场力的情况下，防止发电厂使用市场力，在不降低系统经济运行水平的基础上，削减市场力，降低改革成本。

3.2.4　按评估时间分类

按照指标所评估的时间，监管指标可以分为如下三类：

① 先行指标（预警指标）是预示事物发展趋势的指标[72]。

② 一致指标（实时指标）是反映事物当前情况的指标，用于实时监控。在电力市场中主要用于市场竞价过程中（尤其是实时市场中）的评估。

③ 滞后指标反映事物过去的情况，用于事后分析与评估，这也是电力监管中评估的主要方式。

3.2.5　定性指标与定量指标

根据指标的使用方式，监管指标还可以进行如下分类。

1. 定值指标

定值指标可确定不同的取值范围所代表的含义，如 HHI 指数，一般认为高于 1800，表明市场力比较严重。这类指标有确定的取值范围及各个取值区间对应的明确含义，因此这类指标可称为定值指标。

2. 对比指标

这类指标不能确定不同取值范围所代表的含义,用于对比分析。例如,某段时间发电厂的机组担当系统边际机组的次数,不能给明确的参照值,认为超过参照值就不合理,而只能用于各个发电厂之间相互对比。发电厂的机组担当系统边际机组的次数越多,相对而言对市场价格控制的能力就越强,越有可能操纵市场价格。这类指标在电力监管评估中也具有广泛的应用前景[73]。

3.2.6　发电厂市场力评估的特点

在市场力评估方面,尚存在如下问题:

① 由于受到网络约束的影响,区域性市场力在电力市场中普遍存在,HHI 指数也因此不能准确反映市场力的大小。

② 只有少数指标考虑到供需平衡情况对市场力指标的影响,虽然供需平衡情况反映了市场力的动态变化,但供需情况如何影响市场力仍没有得到充分的重视和研究。

③ 目前没有指标能准确地综合评估各种因素对发电厂市场力的影响,不能全面客观反映市场力的情况。

④ 如何根据市场的具体情况,提出针对性地削弱市场力的措施。目前的文献尚不能对一个实际系统给出切实可行的具体建议[74],一般都是笼统地提出降低电网约束、降低集中度、提高需求弹性等。在一个具体系统中,提高哪个输电走廊的传输容量最能遏制市场力;应优先降低集中度还是优先改善电网传输能力等,这些针对性的措施还不能通过市场力的分析得到。

在市场效率评估方面,国内外文献一般将造成效率损失的因素聚焦在市场力,对市场力造成的效率损失进行了比较深入的研究,取得了很丰富的成果。基本思路是模拟在完全竞争的条件下发电厂的行为,并与其在实际市场中的行为作对比,分析发电厂行为与完全竞争行为的偏差,以及由此导致的成本上升、市场价格上升等。文献[75]对发电侧电力市场的效率进行了评估,指出一些造成效率低下的因素。文献

[76]、[77]计算发电厂理想发电量与实际发电量的偏差。这类方法能对市场力导致的效率损失评估有一定的指导意义,但还是没有充分考虑电力工业的特点。

发电厂市场力评估的关键问题是区域性市场力。电力系统需要维持实时平衡,受到网络约束和发电机组的技术特性约束,一个发电厂在整个系统中所占的地位和影响力可能很有限,但是在一个局部区域,发电厂对市场供需情况可能具有决定性的影响,关键在于整个系统由于网络约束等原因,被分割为若干相对独立的市场。因此,对于发电厂市场力的分析、评估,关键是准确评估区域性市场力。

在之前的研究中,HHI 指数和 Lerner 指数被广泛使用。HHI 指数具有深刻的科学内涵,不过对电力工业的特点考虑不足[78]。我们提出一种综合方法,称为综合性区域市场力评估方法(integrated local market power,ILMI),该方法能对发电厂市场力做比较准确的评估。

3.3 发电厂结构性市场力评估的综合评估方法

市场力是由市场集中度、供需情况、网络约束和供需双方的价格弹性共同决定的。

弹性反映了市场成员的可选择性,弹性越大,可选择空间越大。如果需求价格弹性越大,表明需求方对该商品(服务)的依赖越弱,因此供应方的市场力就越弱。但是,在发电侧电力市场中,由于用户不能参与市场竞争,或者参与市场竞争的比率比较低,需求弹性没有得到体现。因此,本书提出的综合评估方法没有考虑需求弹性。

3.3.1 ILMI 方法的基本思路

首先,将整个市场划分为若干个局部市场。每个局部市场是系统的一个节点,如 220kV 及以上电压等级的系统节点。在一个局部的市场中,由于只有一个节点,可以假设内部不受潮流传输限制,符合经济学研究将市场视为一个"质点"的假设,因此不存在区域性市场力。

其次,对每一个局部市场,综合分析其供需情况和集中度,并考虑系统中其他部分对这个节点的影响,对这个局部市场进行综合分析。

最后,将各个局部市场的指标综合在一起,形成整个市场的综合指标。

通过上述思路,在分析一个局部市场时回避区域性市场力问题,同时通过评估系统的其他节点对该节点的影响,将网络约束考虑到局部市场的评估中。因此,通过先细分再综合的方式,可以对市场力进行准确地评估。事实上,受网络约束的影响,市场将被划分为若干个局部。因此,通过将市场划分为不同的局部市场再综合的方式,符合电力市场的物理特性。

ILMI 方法综合考虑集中度、供需情况和网络约束。在此需要说明的是供需情况。在电力市场中,供需情况对市场力的影响很大。因为发电厂的沉淀成本占总成本的比重比较大,当供给显著超过需求时,发电厂将展开激烈的竞争争取发电机会;当供给超出需求较少或者甚至低于需求时,发电厂控制市场价格的能力明显提高。上述结论可以通过博弈论的"伯川德"模型证明[79]。然而,在绝大部分市场力指标中,并没有考虑供需情况,或者简单考虑市场的总供给和总需求的比值作为分析的辅助手段,至今没有指标将市场供需情况与市场集中度、网络约束综合考虑。

3.3.2　RHHI 和 DSI

为了评估局部市场,本节首先定义 RHHI 和 DSI(demand supply index),其中 RHHI 称为相对集中度,DSI 称为供需指数。

RHHI 是在 HHI 的基础上定义的,将 RHHI 归一化用于衡量市场集中程度,即

$$RHHI = \frac{HHI}{10\ 000} \tag{3-5}$$

RHHI 的取值范围为[0,1]。在完全竞争的情况下,HHI 等于 0,RHHI 也等于 0;在完全垄断的情况下,RHHI 等于 1。

DSI 定义为

$$\text{DSI}_i = \begin{cases} \dfrac{d_i}{s_i}, & d_i < s_i \\ 1, & d_i \geqslant s_i \end{cases} \tag{3-6}$$

其中，i 是局部市场的编号；d_i 是节点 i 的负荷；s_i 是节点 i 能获得的最大供给，包括节点 i 本地发电厂所发电力和节点 i 以外电网的其他部分能向节点 i 送入的电力。

当节点 i 的负荷超过最大供给时，DSI 定义为 1，因此 DSI 取值范围也是 $[0,1]$。

DSI 越大，表明该节点供应越紧张，该局部市场的价格就越容易被操纵。极端情况，当 DSI 等于 1 时，该节点是完全垄断的，完全垄断的实质是消费者没有选择。使用市场力是供应者通过操纵市场供需情况，改变市场均衡状态，从而达到控制市场价格的目的。在 DSI 等于 1 的情况下，消费者没有任何选择，尽管某供应商所占的市场份额不大，但仍可以任意控制市场价格，因此市场力达到最大。

DSI 计算的关键在于 s_i。s_i 等于本地电厂所能提供的电力加上其他节点能传入该节点的最大电力。因此，s_i 表征了其他节点对该节点的影响程度。通过这种方式，可以计算网络约束对该节点竞争的影响，同时也可以表征系统中电力的流动性水平。网络传输容量越充足，一个节点的电力就可以送到越多的节点，可以参加越多的局部市场的竞争，从而削弱区域性市场力。

DSI 是由市场供需情况和网络约束共同决定的，含有丰富的网络信息。DSI 考虑了网络约束，能评估各个节点的真实供需情况。由于电力传输受到约束，电力不能在整个系统中自由流动，将市场中的总供给和总需求直接进行对比，往往并不能真实、准确地反映市场中的供需情况。

3.3.3　局部市场的综合市场力指标

RHHI 和 DSI 分别从市场集中度和供需情况两个方面，反映局部市场的市场力。除了价格弹性外，在一个局部市场分析中，综合上述两个指标能够比较全面地反映该局部市场的市场力。DSI 除了能反映供需情况,还能反映系统其他部分对该节点的影响,而且两个指标都已经归一化处理。在这两个指标的基础上,定义局部市场的综合市场力指标(local market index,LMI)为

$$LMI = RHHI + DSI - RHHI \times DSI \tag{3-7}$$

可以看到,LMI是数理逻辑中 RHHI 和 DSI 的"并集",用数理逻辑的方式对两个因素进行综合。因此,LMI 具有如下性质。

性质 1　LMI 是关于 RHHI 和 DSI 轮换对称的函数。这个性质是明显的。

性质 2　LMI 是 RHHI 和 DSI 的增函数。

由于

$$\frac{\partial LMI}{\partial RHHI} = (1 - DSI)$$

$$0 \leqslant DSI \leqslant 1$$

因此

$$\frac{\partial LMI}{\partial RHHI} \geqslant 0 \tag{3-8}$$

可以看到,LMI 是关于 RHHI 的增函数。再根据性质 1,LMI 也是 DSI 的增函数。

性质 3　LMI 取值范围[0,1]。

根据性质 2,LMI 是关于 RHHI 和 DSI 的增函数,所以当 RHHI 和 DSI 同时等于 0 时,取得最小值 0;当 RHHI 和 DSI 中有一个等于 1 时,LMI 取得最大值 1。

性质 4　当 RHHI 保持不变时,LMI 是 DSI 的线性函数;反之亦然。

根据性质 2,性质 4 是明显成立的。

性质 5　随着 RHHI 的增长,偏微分 $\dfrac{\partial LMI}{\partial RHHI}$ 是下降的,反之亦然。

性质 5 是 LMI 的一个非常重要的性质。以极端情况为例,当 RHHI 等于 1 时,无论 DSI 取值范围如何,LMI 都等于 1。这反映了完全垄断的本质[79~81],体现了客户没有选择。独家经营是完全垄断的一种具体表现形式;当供不应求时,消费者也没有选择,这是另一种形式的垄

断。只要 RHHI 和 DSI 中任何一个等于1,LMI 就等于1,即任何一个因素都能独立导致消费者没有选择,形成完全垄断。在一个因素表明市场力比较严重的情况下,其他因素的影响相对减弱。例如,DSI 非常接近1,在这种情况下,供应紧张,即使 RHHI 明显变小,也不能改变市场力较大的局面。

上述性质如图 3.1 所示。

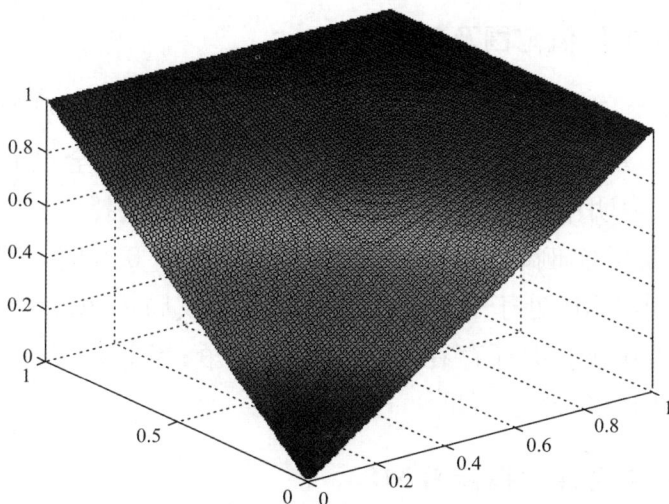

图 3.1　LMI 关于 DSI 和 RHHI 的三维关系图

上述性质可以通过图 3.1 体现。例如,LMI 关于 RHHI 和 DSI 的轮换对称性质,以及 LMI 是关于 RHHI 和 DSI 的增函数的性质。关键是第 5 个性质,从上图可以看到,当 RHHI 或者 DSI 中任何一个接近 1 时,不管另一个的取值如何,颜色都比较接近。

还有很多种方法将两个因素综合考虑在一起,例如简单定义为两个因素之和或者乘积。假设将两个指标之和定义为局部市场的综合市场力指标 LMI′,市场评估将产生较大的偏差。例如,LMI′ 的最大值为 2,即 DSI 和 RHHI 都等于 1 的情况。当 RHHI 等于 1,DSI 等于 0.5 时,这种情况下消费者已经没有选择,市场力已经达到极限,但是 LMI′ 的值为 1.5,没有达到其最大值 2。另一方面,当 DSI 等于 0.8,RHHI 等于 0.7 时,LMI′也等于 1.5。此时,虽然市场力比较严重,但消费者还是有选择的机会,发电厂并不能完全操纵市场。用这种方法综合,就出现相同的指标值含义不一样的情况。如果使用乘积的方式综合两个指标,上述问题也同样存在。

由于 LMI 指标采用简单而准确的方式综合考虑 RHHI 和 DSI,同时 DSI 考虑供需情况和输电容量的可用程度和系统中电力的可流通性,因此 LMI 指标可以全面而准确地评估局部市场的市场力,量化网络约束对市场力的影响,深刻反映市场力的本质。

3.3.4　LMI 的取值范围及其含义

LMI 越大,表明向该局部市场供电的发电厂控制该局部市场价格的能力越强。LMI 等于 1,表明完全垄断,消费者完全没有选择余地;LMI 等于 0,表明市场完全竞争,消费者可以自由选择。

经过大量的实例研究,我们认为当 LMI 低于 0.6 时,表明市场竞争比较充分。当 LMI 处于 0.6~0.75 时,表明该局部市场竞争受到市场力比较严重的影响,但还存在一定程度的竞争;当 LMI 高于 0.75 时,表明该局部市场竞争严重不足。

3.3.5　市场综合评估指标 ILMI

本节将局部市场的市场力指标综合为整个市场的 ILMI。

ILMI 定义为

$$\text{ILMI} = 10\,000 \sum_{i=1}^{N} \frac{d_i}{D} \text{LMI}_i^2 = 10\,000 \sum_{i=1}^{N} r_i \text{LMI}_i^2 \tag{3-9}$$

其中,d_i 为节点 i 的负荷;D 为系统总负荷;N 为节点数;LMI_i 为节点 i 的局部市场综合指标;r_i 为节点 i 负荷占系统总负荷的比重。

上式 ILMI 定义为各个节点(局部市场)的综合市场力指标平方和的加权平均,权重为该局部市场负荷占系统总负荷的比重。

一个局部市场负荷占系统总负荷的比重越大,表明该局部市场在整个市场中的影响力越大。该局部市场的价格被操纵,对整个市场的价格上涨的推动作用越大,贡献系数也是该节点负荷占系统总负荷的比重。

如上分析,平方和符合欧氏空间距离的概念,因此 ILMI 指标表征市场距完全竞争的线性距离。

对应于 LMI 的取值范围,ILMI 最小值为 0,最大值为 10 000。当各个节点都是完全竞争市场时,ILMI 等于 0,整个市场是完全竞争的;当各个节点的 LMI 都等于 1 时,ILMI 等于 10 000,表明整个市场是完全垄断的。也就是说,在完全垄断情况下,与完全竞争的线性距离是 10 000,该距离是最大的。

根据对 LMI 取值范围的分析,当 ILMI 等于 3600 时,整个市场是竞争充分的;当 ILMI 超过 5600 时,整个市场严重垄断。

3.3.6 算例分析

在上述理论分析的基础上,本节以 3 个算例来分析 ILMI 方法的科学性。算例 1 和算例 2 是简单的三节点系统,算例 3 是 IEEE 可靠性 24 节点标准算例。

算例 1 系统如图 3.2 所示。

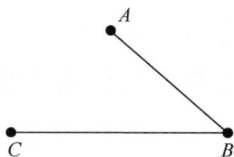

图 3.2 三节点算例 1

发电厂、节点负荷数据和网络传输数据如表 3.1 所示。

表 3.1 发电厂和负荷数据

节点	负荷/MW	发电侧	容量/MW
节点 A	500	P1	600
		P2	400
		P3	300
节点 B	400	P4	500
节点 C	600	P5	200
线路 AB	—	—	400
线路 BC	—	—	500

　　下面首先计算各个节点的LMI_i，以节点A为例展示RHHI的详细计算过程。节点A的电力供应可以来自节点A和节点B（通过线路AB传输）。

　　在节点A，有三个发电厂，它们的容量分别是600MW、400MW和300MW，线路AB的容量是400MW。因此，从节点B能传输到节点A的最大出力是400MW。这400MW来自发电厂P_4和P_5。根据潮流追踪的结果和比例共享的原则，5/7的出力来自发电厂P_4，剩余部分来自发电厂P_5。

　　因此，节点A的电力供应可以用向量$(600,400,300,5/7*400,2/7*400)$表示，其中每个分量为一个发电厂所供给的电力。

$$\text{RHHI} = \left(\frac{600}{1700}\right)^2 + \left(\frac{400}{1700}\right)^2 + \left(\frac{300}{1700}\right)^2$$
$$+ \left(\frac{285.7}{1700}\right)^2 + \left(\frac{114.3}{1700}\right)^2$$
$$= 0.2438 \tag{3-10}$$

　　在本节提出的ILMI计算方法中，各个节点需考虑网络约束的供需比。通过以下分析，可以得出将网络约束考虑到ILMI指标的具体计算过程。

　　整个系统中的富余容量是500MW，计算DSI的关键在于计算s_i，即分析系统中富余容量能够送达哪些节点的过程。

　　下面首先简单解释本节所采用的就近匹配方法。通过就近匹配法，首先分析确定系统的富余容量分布在哪些节点上。

　　第一步，对每个节点，将该节点的发电容量与负荷容量匹配，得到该节点的净注入容量。

　　在算例1中，通过该步骤后，节点A剩余的发电容量是800MW，节点B为100MW，节点C剩余的发电容量是400MW。

　　第二步，没有匹配的负荷容量匹配最近的发电容量。

　　经过第一步的计算，在节点C仍有400MW负荷容量，最近的发电容量在节点B为100MW。将它们匹配后，节点B的剩余发电容量变为0，C节点的剩余负荷容量为300。

　　第三步，如果仍有负荷容量没有匹配，则回到第二步继续。直到所有的负荷容量与发电容量一一匹配。

第四步,结束。

在本例中,经再次匹配平衡后,节点 A 还有 500MW 的剩余发电容量,节点 B 和节点 C 平衡。也就是说,系统中富余的 500MW 发电容量都分布在节点 A。

s_A 可由下式计算得出,即

$$s_A = \text{Load}_A + \text{RP}_A \tag{3-11}$$

其中, s_A 是节点 A 的最大可能供给;Load_A 指节点 A 的负荷容量;RP_A 指系统中的富余容量能送到节点 A 的部分。

在这里,Load_A 等于 500MW,而且系统富余容量 500MW 都分布在节点 A 上,所以都能传送到节点 A。因此,RP_A 等于 500,s_A 等于 1000。

$$\text{DSI}_A = 500/1000 = 0.5 \tag{3-12}$$

因此,对于节点 A,有

$$\text{RHHI}_A = 0.2438$$
$$\text{DSI}_A = 0.5$$

所以

$$\text{LMI}_A = 0.6219$$

上述结果表明,节点 A 这个局部市场属于中度竞争市场。尽管市场集中度偏高,但供给是充足的。

对于节点 B,有

$$\text{RHHI}_B = 0.2874$$
$$\text{DSI}_B = 0.8$$

所以

$$\text{LMI}_B = 0.8575$$

上述结果表明,B 点是垄断的。一方面,市场集中度比较高;另一方面,可用的富余电力不多。在该节点,发电厂 P_4 具有显著的控制市场价格的能力。

对于节点 C,有

$$\text{RHHI}_C = 0.2755$$
$$\text{DSI}_C = 0.8571$$

$$LMI_C = 0.8965$$

上述结果表明,节点 C 的市场力很严重。

整个市场的综合市场力指标为

$$ILMI = 6465 \tag{3-13}$$

上述结果表明,这个 3 节点系统中市场力很严重,市场价格很容易被操纵。

在算例 1 中,HHI 等于 2250。从集中度来看,存在比较明显的市场力;ILMI 指标值为 6465,显示市场力非常严重。因为,除了较高的集中度以外,网络传输约束也是导致市场力的一个很重要的因素。

在算例 1 的基础上,算例 2 在节点 A、C 之间建设了一条新的输电线路,该输电线路的传输容量极限是 500MW,其他数据不变。新的网络结构如图 3.3 所示。

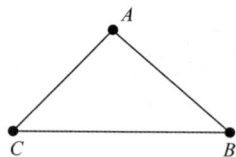

图 3.3　三节点系统算例 2 示意图

在新的条件下,系统的 400MW 富余容量能参与各个节点的竞争。各个节点的 LMI 分别为

$$LMI_A = 0.6219$$
$$LMI_B = 0.5509$$
$$LMI_C = 0.6179$$

市场力综合指标 ILMI 为 3587,与算例 1 的系统相比显著降低,市场力很小。建设线路 AC,为什么会发生如此显著的变化?原因如下:

① 对于 B,在算例 1 的情况下,电力从 A 传输到 B,再传输到 C。虽然能传输到 B 的电力比较充足,但为了保证 C 的供应,需要预留大量的容量给 C,导致 B 的实际有效供给受到影响。

② 对于 C,在算例 1 系统中,分布于 A 和 B 的富余电力大部分不能传输到 C,因此 C 的供应相对紧张,导致 C 市场竞争不足。

通过建设 AC 输电线路,LMI_B 从 0.8575 下降到 0.5509;LMI_C 从

0.8965 下降到 0.6179。B 节点从垄断状态变更为竞争状态。C 节点从垄断变更为中度垄断(非常接近竞争)。可以看到,线路 AC 直接提高了节点 C 的竞争度,间接提高了节点 B 的竞争水平。从以上分析可以看到,当电力的可流动性比较好时,一个节点的电力可以流向多个其他节点,参与其他节点的竞争,从而改善其他节点的供需情况,遏制其他节点的市场力。当系统供需情况改善,或者传输约束减少(流动性提高),市场力都将被显著削弱。

进一步,假设线路 AC 的输电容量在 0~400MW 变化,ILMI 指标值随之变化的趋势如图 3.4 所示。

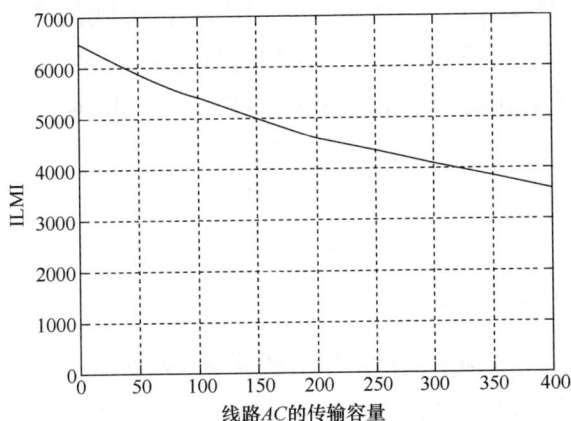

图 3.4 ILMI 随着线路 AC 容量增加而降低

从图 3.4 可以看到,随着线路 AC 传输容量的增加,ILMI 指标下降。这表明对存在输电阻塞的断面建设输电线路或者对输电线路进行扩容,能显著地降低市场力。在 ILMI 指标中,可以通过降低阻塞断面内的一个或者几个局部市场的 DSI,从而改善这些局部市场的竞争情况,使整个市场的市场力得到遏制。

在输电阻塞断面建设输电线路或者扩容,除了能直接改善阻塞断面内的局部市场外,还能显著改善相邻区域的竞争情况,因为这些节点无需为断面内的节点预留过多的输电容量。

换一个角度,通过上述分析,我们认为衡量一条输电走廊建设或者扩容的价值,也可以从建设或者扩容该输电走廊能提高的市场竞争程度,即市场力的降低量入手。当重要的局部市场处于阻塞断面内时,建设输电走廊能显著缓解市场力,对系统而言具有重要价值。但是,在输电容量本身已经比较充足的断面,扩容或者建设新线路,对 ILMI 指标并没有明显的影响。所以,我们提出的 ILMI 指标,除了可以衡量市场力外,还可以用于辅助分析输电走廊建设或者扩容的价值。

从以上分析可以看到,ILMI 一般是整个系统中任何一条输电走廊传输容量的减函数,即随着系统中任何一条输电走廊容量的增加,ILMI 呈递减趋势。这个性质充分体现了 ILMI 对区域性市场力的准确评估。

算例 3 采用 IEEE RTS-96 标准算例。在对上述三个节点系统分析的基础上,本节对 IEEE RTS-96 系统中一个区域的系统进行了评估。在该系统中,有 24 个节点,33 个机组,详细数据可以参考文献[82]。我们对该系统进行了测算,得到 ILMI 等于 3943,市场是中度垄断并接近竞争的。

3.3.7　拓展分析

1. 关于 GGI 指数

网络约束导致区域性市场力。如果系统中不存在网络约束,或者说网络约束的影响可以忽略,则说明系统中电网和电源充分协调。

通过以上分析,我们得到 ILMI 是关于输电容量的减函数。当其他条件不变时,在系统中不存在输电约束的情况下 ILMI 取得最小值。

因此,本节在 ILMI 的基础上,定义电源电网协调指数(generation grid index,GGI)为

$$GGI = \frac{ILMI_0}{ILMI} \tag{3-14}$$

其中,$ILMI_0$ 是在保持各节点负荷、发电容量、集中度不变的情况下,假设网络约束不存在时,该系统的 ILMI 指标值。

GGI 表明在一个实际系统中,市场力多大程度是由网络约束造成的。同样,它也表明电源和电网的协调程度。GGI 越大,电源电网协调程度越高,由网络约束造成的市场力越小。

在算例 1 中,GGI 指数为 0.5548。可以看到,在没有网络约束的情

况下,市场力指标降为 55％左右,表明网络约束对市场力的贡献率高,网络约束是造成市场力的主要原因。因此,消除算例 1 所示系统的市场力的主要手段是改善网络结构。

在算例 2 中,GGI 等于 1,达到最大值,表明在该系统中,网络结构对市场力没有影响,并且该市场是富有竞争的。市场力的主要因素是集中度和供需情况。

在算例 3 中,GGI 等于 0.914,表明电源和电网之间的协调程度相当高,网络约束不是造成市场力的主要因素。HHI 等于 1780,这个值并不太高。形成市场力的主要因素是供需比,HHI 是次要因素,网络约束的影响很小。

从以上分析可以看到,我们可以用 ILMI 指标的降低来衡量一条输电走廊建设的价值,可以用基于 ILMI 的 GGI 指标来衡量整个系统中电源和电网的协调程度。从对算例 3 的分析还可以看到,ILMI 指标还可以分析出哪个因素是造成市场力的主要原因,并对应指出降低市场力的主要手段。

在上一节的算例分析中,ILMI 方法首先对各局部市场进行分析,分析造成市场力的主要原因。其次,通过对各个节点的 LMI 指标进行分析,得出系统中市场价格容易被操纵的节点。

2. 局部市场 HHI

ILMI 方法的基础思想是将整体市场划分为若干局部市场,在对每个局部市场进行分析的基础上,综合为市场的整体指标。在计算 ILMI 的过程中,需要分别计算各个节点的相对集中度 RHHI。

将计算 ILMI 的方法适当简化,单独分析市场集中度因素,可以获得分区 HHI 的综合指标,称之为局部市场 HHI 指标(local-HHI,LHHI),定义如下,即

$$\text{LHHI} = \sum_{i=1}^{N} r_i \text{HHI}_i \qquad (3\text{-}15)$$

其中,LHHI 是各节点市场集中度的加权平均,权重因子是负荷比率。

LHHI 指标与 HHI 指标相比,包含各个节点局部的市场信息,也包含网络约束信息,所以比 HHI 能更真实反映市场的集中度。类似的,我们可以定义 LDSI 指标。

ILMI 方法提出局部市场的概念,通过将市场划分为局部市场,分别分析再综合的方式评估市场情况。在一个局部市场的分析中,区域性市场力可以得到准确的分析。传统的方法都是直接将整个市场作为分析对象,从而忽视了电力与普通商品最大的差别:电力不能像普通商品一样自由流通,受到网络约束和电力本身技术特点的限制。总之,本章提出的 ILMI 方法与现有方法相比,在如下方面具有鲜明的优点和特点:

① 具有综合性。能将电力市场中造成市场力的主要因素综合在一起,全面、真实、准确地分析市场力,尤其是考虑了网络约束。

② 能分析造成市场力的主要因素。由于 ILMI 方法的综合性,可以通过对一个因素的理想化假设与实际情况作对比分析,判断该因素导致市场力的程度,准确分析各个因素对市场力贡献率。值得特别注意的是对网络约束的分析。在已有的研究成果中,对网络约束造成市场力的程度一直没能量化分析。本章提出的方法不但能量化分析,而且还能对一条线路在削减市场力中的贡献进行分析,可作为输电规划的重要依据。

③ 对区域性市场力的准确分析。

④ 对具体的局部市场的准确分析。在 ILMI 方法中,可以通过观察 LMI_i 指标,对各个局部市场的市场力情况进行分析,便于监管机构在预警、实时监控或者事后评估中,重点对 LMI_i 大的局部市场进行监管。

⑤ 提供削减市场力的应对策略。造成市场力的因素有很多,削减市场力的手段应该具有针对性。本节提出的方法能分析造成市场力的主要因素,因此能提出对具体削减手段最具有针对性的建议。

值得注意的是,本章提出的 ILMI 方法在每个算例的计算中都假设每个发电厂具有相互独立的产权结构。在实际系统中,尤其是在我国目前的电源股权结构中,考虑各个发电厂之间的股权关联关系后,ILMI

指标都大于5600。这表明在我国绝大部分地区的电力市场中,市场力都是比较严重的。

3.4 发电厂市场力使用程度的评估

上节研究了结构性市场力的综合评估方法,本节研究发电厂市场力使用程度的分析方法,提出电力市场有序性指标和竞争力度指标,并分析偏差评估方法。下一节将基于有效竞争的目标,提出几种对比评估方法。本节和下节的研究将形成对发电厂使用市场力程度的评估体系。

3.4.1 电力市场有序性指标

电力市场有序性指数,定义为全系统的实际运行总成本与最优运行成本的比值,即

$$\theta = C'/C, \quad \theta \geqslant 1 \tag{3-16}$$

其中,C为最优运行成本;C'为实际成本;θ越大,表明市场竞争越无序,当θ等于1时,市场有序度最高。

电力市场着力于优化资源配置,若系统成本升高,发生高成本机组大量发电,机组频繁启停等情况,则说明市场竞争不是有序的。其原因可能是市场设计给出了不合理的激励信号,导致市场竞争无序,缺乏风险管理措施等;市场成员过度投机,导致市场竞争无序,市场缺乏对投机行为的管制措施。应采用激励相容的机制设计理念给出正确的激励信号,促使市场按最优方式运行,使最优状态成为稳定状态。例如,通过发电权交易避免弃水[83]。

3.4.2 电力市场竞争力度指标

电力市场竞争力度指数η,定义为全系统中总购电电费与全系统中总发电成本的比值,即

$$\eta = F/C' \tag{3-17}$$

其中,η为竞争力度指数;F为总购电电费;C'的含义与式(3-16)相同。

在健康的市场中,发电厂存在机会成本,且应有一定的利润率,所以 η 应大于 1。当 η 小于等于 1 时,表示市场恶性竞争,出现行业性亏损;当 η 大于 1 并超过合理值时,表明竞争不充分,发电厂滥用市场力抬高了市场价格。η 的合理取值上限应为 1 加社会平均投资回报率,即

$$1 < \eta < 1 + r \tag{3-18}$$

其中,r 为社会平均投资回报率。

竞争力度指标与 Lener 指数具有相似之处。与之相比,该指标具有如下几个特点:

① 发电厂的边际成本低于平均成本,因此用 Lerner 指数评估市场竞争情况时将夸大市场投机的程度,而竞争力度指标没有这个问题,允许企业合理回收成本并获得合理利润。

② 电力市场中各个时段的价格不同,各个时段之间价格具有关联性,电力生产各个时段也具有耦合性。竞争力度指标反映了这个特点,而 Lerner 指数在这方面存在不足。在美国新英格兰地区电力市场的评估中,采用加权平均 Lerner 指数来弥补其不足[59]。

③ 电力市场包含合约市场、现货市场、辅助服务市场等,发电厂可在不同的市场中实施关联策略达到投机的目的,Lerner 指数不能反映这种情况。有序性指标可以排除该因素的影响。

有序性指标和竞争力度指标从两个不同的方面分别评估电力市场的竞争情况:有序性指标是评估市场的有序程度,发电资源的优化配置程度;竞争力度指标是评价发电厂整体报价的合理性。有序性高并不一定意味着竞争力度大。例如,当发电厂订立价格联盟时,虽然有序性高,发电成本较低,但是综合上网电价被大幅度抬高。同样,竞争力度大也不一定说明有序性高。当两个指标都合理时,说明市场运营状态理想,发电厂使用市场力的程度低。

3.4.3 偏差评估方法

关于发电厂市场力结果指标,以上两小节提出了两种评估方法。除了以上两个综合性分析指标外,从如下两个方面分析也是有意义的。

① 水电是系统中重要的调峰电源,在水电比重比较大的系统中,可

计算实际运行中水电的弃水电量与在最优运行状态下的水电弃水电量之比，以及水电实际的峰荷电量与最优状态下调峰电量之比。这两个参数可评估优质的水电资源是否得到充分利用。当水电弃水超过理想值，监管机构可考虑设置措施鼓励水火置换，或者设置强制性措施避免弃水，贯彻实施国家能源政策。这种对比简单明了，能从一个侧面说明系统的运行状况。

② 其他一些导致系统实际运行状态与最优运行状态具有明显差异，并使系统运行的安全水平或经济水平明显下降的事件。例如，大容量机组不合理地开停机调峰，枯水期弃水调峰，高成本机组中标电量超出理想值较大比率等。其他类似的偏差评估也可应用于评估发电厂是否使用市场力。

3.5 基于有效竞争的市场竞争力度评估

电力市场中的竞争不宜以完全竞争为目标，而应以有效竞争为目标。本节提出四种以有效竞争为监管目标的评估方法，分别以四种富有竞争的市场条件为评估基准，分别适应不同的条件和不同的方面，对市场竞争的有效性进行评估。

3.5.1 基本思路

受发电的规模效益、规模壁垒以及发电厂的边际成本一般低于平均成本等因素影响，完全竞争是不现实的[58]，不宜作为监管的目标和监管评估的基准。因此，模拟完全竞争的情况作为电力市场评估的基准（benchmark）存在缺陷[16]，监管的目标应是有效竞争（workable competition）。我们认为，有效竞争是指市场中存在一定程度的竞争，市场成员有积极降低成本的动力，且不是通过操纵市场价格牟取暴利。

以有效竞争作为市场监管的目标，关键在于如何把握有效竞争的度，即什么程度的竞争是合理的，来作为市场评估的参照基准。我们提出以富有竞争的市场条件为基准进行评估。在富有竞争的市场条件下，市场成员接近于价格接受者。为获得更高的利润率，市场成员积极提高效率、降低成本，并依据成本，合理申报、合理生产，市场竞争趋于理性化。因此，以富有竞争的市场条件为基准，可简单、准确地评估市场竞争程度。

发电厂使用市场力的基本条件是市场供给紧张、市场份额大、发电厂位于阻塞的输电断面内。

如上所述，电厂使用市场力的基本途径是通过控制市场供需关系从而控制市场价格。因此，发电厂使用市场力的方式主要有两种：第一种是不向市场申报可用容量，导致市场（或者局部）供给紧张（阻塞），从而导致市场价格过高或者带来安全风险；第二种是申报过高的价格。所以评估内容从容量和价格两个方面入手。

本章提出的基于有效竞争的对比评估方法概述如下：

① 参照市场份额较小的发电厂（基准电厂）进行评估的方法，称为基准电厂法。

基准电厂并不是传统意义上单机容量小的电厂，而是在系统中占有的市场份额较低的独立电厂。基准电厂市场力较小，若市场中市场份额大的电厂（简称大电厂）评估指标好于或者接近基准电厂，则可认为大电厂没有操纵市场，市场存在有效竞争；反之，若大电厂的相关指标明显比基准电厂差，则说明市场存在问题。

② 参照供给不紧张时段进行评估的方法，称为基准时段法。

在市场供给不紧张的条件下，市场竞争比较激烈。若在供给紧张时段的评估指标与参照时段相比在合理的范围内，则说明市场竞争有效。

③ 以供给不紧张的节点（节点集）为参照进行评估的方法，称为基准节点法。

在供给不紧张的节点（节点集），局部市场竞争比较激烈，可作为评估基准。

④ 以市场集中度较小的其他地区的电力市场为参照基准进行评估的方法，称为基准集中度法。

当 HHI 指数较高时，市场集中部分市场成员的市场力大[59,62]。可参照 HHI 指数较低的市场，衡量市场竞争是否有效。

3.5.2 基准电厂法

采用基准电厂法进行评估时,可选取的主要内容如下:

① 比较一段时期内,各个大电厂的申报率与基准电厂的申报率。

申报率是指一段时期内,发电厂最大申报容量的平均值占装机容量的比率,即

$$BP_i = \frac{\overline{BC_i}}{C_{i0}} \qquad (3\text{-}19)$$

其中,BP_i 为电厂 i 的申报率;$\overline{BC_i}$ 为电厂 i 在所考查期限内,发电厂每次各时段申报最大容量的平均值;C_{i0} 为发电厂 i 的装机容量。

电厂申报率是反映发电厂是否故意保留可用容量的重要指标。申报率越高,表明发电厂故意保留可用容量的程度越低。

② 各个大电厂的利用小时数与基准电厂的利用小时数对比。

利用小时数低可能是由发电厂采用经济缩减措施形成的,即故意向市场申报较高的价格,故意导致部分容量不中标来抬升市场价格。不过,利用小时数的对比分析,一般只用于同类电厂之间,不同燃料的电厂,如火电和水电之间并不具有可比性。

以上两个指标从容量的角度进行评估,下面从电价角度分析。

③ 一段时期内,各大发电厂(公司)的机组担当系统(分区)边际机组的次数,与基准电厂的机组担当系统(分区)边际机组次数的对比。

④ 一段时期内,发电厂平均中标价格与前一段时期平均中标价格的比值。例如,一个月的平均中标价格与前一个月平均中标价格的比值。将大电厂的该指标与基准电厂进行对比。

⑤ 各大电厂的平均中标价格与基准电厂的平均中标价格对比。

发电厂的平均中标价格越高,表明发电厂的价格对拉动市场价格上涨的作用越强,尤其是在按照申报价格结算的市场体系中。需要注意的是,部分小电厂生产效率比较低,明显低于平均水平,在比较平均中标价格时,这些小电厂不应作为基准电厂。

⑥ 发电厂申报电价变化情况与基准发电厂报价的变化情况对比,如报价的标准差、最大偏差、价格变化与负荷变化的线性相关程度等。

发电厂市场力越小,申报价格变化越小,基本基于自己的真实成本,根据供需情况有适当的变化。因此,基准电厂的申报价格应比较平稳,而且与负荷变化的相关程度较高。部分大电厂若投机,主要表现形式之一是申报价格变化剧烈。因此,可以对大电厂和基准电厂申报价格的平稳度进行对比。

采用基准电厂法进行评估,可以选取一些典型的独立电厂进行分析,尤其是将处于供给不紧张节点(电源中心)的独立电厂作为评估的参照基准。为使评估结果更具有说服力,可以不选取特定的基准电厂,而是将一些电厂的情况进行综合。例如,将各个市场份额小的电厂的平均申报率作为基准申报率、各小电厂的平均价格为基准价格等。这就避免了选择特定的基准电厂时可能遇到的特殊情况,导致市场评估结果失真。

采用基准电厂法既可进行微观评估,也可进行宏观评估。在微观方面,当某个电厂的指标与基准电厂相应指标相比明显不合理时,可认定该发电厂采取了过度的投机行为。在宏观方面,当大电厂的指标普遍好于或者接近小电厂的相应指标时,说明市场的竞争是有效的;当大电厂的指标普遍比小电厂差时,说明大电厂在操纵市场。

基准电厂法是一种思路简单而朴素的监管评估方法。在电力市场中,一般总会存在一些市场份额小的发电厂,这些发电厂接近于价格接受者,所以该方法一般是可用的。该方法在特殊的极端情况下可能失效,如当市场的集中度很高时,每个发电厂(公司)的市场份额都比较高,可能找不到合适的电厂作为基准电厂。在这种情况下也可以通过对不同市场份额的电厂进行比较,得出一些有参考价值的结论。

3.5.3　基准时段法

在供给不紧张的时段,市场竞争比较激烈,可以作为参照基准进行评估。该评估方法分为短期评估和长期评估。

短期评估是以每天的谷荷时段作为评估的参照值。例如,将某电厂峰荷时段平均电价与谷荷时段平均电价对比,若峰荷时段电价高于谷荷时段过多,则说明该电厂可能利用峰荷时段的供给相对紧张的状况,恶意抬高价格。

应用基准时段法进行短期评估有时存在一些不确定性。例如,一台正开机运行的机组,不希望在谷荷时段停机,因为开停机成本较高,并且影响其在峰荷时段的竞争,那么该机组在谷荷时段有可能申报低于电量成本的价格参与竞争;而一台停机的机组,要竞争开机,则除了回收电量成本外,还需要回收开机成本。因此,从短期来看,部分发电厂在谷荷时段申报的价格将偏离其电量成本,这可能使评估的结果有一定的偏差。但从较长时期来看,峰荷时段与谷荷时段的指标对比,可以基本消除该偏差。

在长期评估中,应以长期较低负荷时段为基准,如以系统负荷较低的时期(如春季)为基准时期;在水电比重较大的系统中,应以丰水期为基准时期。

在对发电厂个体的评估中,评估内容也包含对容量指标、价格指标的评估。容量指标包括申报率、容量可用率等。价格指标包括平均价格、最高价格、申报价格与负荷的相关程度、发电厂(机组)边际机组的频率等。在基准电厂法中已经介绍了一些评估指标,这些指标在基准时段法中对发电厂个体行为的评估基本都适用,这里不再赘述。

在对市场宏观的评估中,主要选取如下指标:

① 系统峰荷时期的平均价格与谷荷时期的平均价格之比。

② 系统峰荷时期价格的波动情况与谷荷时期价格的波动情况对比(以每个交易时段作为一个样本点),如标准差、最大偏差等。

③ 系统峰荷时期发电容量可用率与谷荷时期发电容量可用率的对比等。

以上列举的是 3 个典型指标,还可以根据各个地区的特殊情况,采用其他指标进行对比分析。

基准时段法具有简单、可操作性强的优点。长期评估比短期评估的结果更具有说服力。不过,在如下条件存在一定的问题:

① 市场中存在市场份额很大的市场成员,在供需不紧张的情况下也可操纵市场价格,并从中获利。此时,用基准时段法对该电厂进行微观评估将存在偏差。

② 市场供需不平衡,在绝大部分时段供给紧张,没有合适的基准时段。这种极端情况是比较少见的。

3.5.4　基准节点法

基准节点法对评估发电厂的区域性市场力的使用程度评估具有重要的参考意义。在供给紧张的节点或集中度很高的节点,发电厂控制市场价格的能力比较强。在供过于求且集中度不高的节点,市场竞争相对激烈,发电厂市场力小,控制市场价格的能力弱,可将其作为评估的基准。基准节点的选择建议选取结构性市场力的综合评估方法中LMI 指标较低的节点。

基准节点法的基本思路是选取一些 LMI 指标较低的节点(局部市场)为评估的基准,对比分析系统各个部分和基准节点之间的市场竞争情况。

应用基准节点法主要分析如下内容:

① 比较同一时期各主要节点的平均上网电价(分区边际电价)与基准节点平均上网电价(分区边际电价)。该差值越小,说明市场竞争越激烈,发电厂使用市场力的可能性越小,对市场价格的影响越小。

② 比较同一时期主要节点上各发电厂报价的波动程度与基准节点各发电厂报价的波动程度,如标准差等。

③ 比较同一时期各主要节点上发电厂的申报率与基准节点的情况。

以上简单列举了三项,其他方法列举的指标基本都适应于基准节点法。

应用基准节点法,可以重点对阻塞线路两端的情况进行对比分析。发生阻塞时,阻塞的一端是发电资源富余的地区,竞争比较激烈,电价比较低;阻塞的另一端是发电资源比较紧缺的地区,电价比较高。

在经常发生阻塞的输电走廊,对其两端节点的市场竞争情况,主要是对发电厂的报价和分区边际电价、发电容量可用率等指标进行对比分析。该分析对确认市场中是否存在有效竞争具有重要的参考价值。

使用该方法进行分析时,可选取一些重要节点以及接入这些重要节点的发电厂进行评估,如 500kV 节点和部分重要的 220kV 节点。

不同的节点(节点集),其电源结构不同。应用该方法时,应考虑电源结构差别带来的差异。因此,评估不同的节点时,可以选取不同的基准节点,使两者电源结构接近,评估结果更有参考价值。

3.5.5 基准集中度法

3.1节中已经对HHI指数及其含义进行了较多的分析,虽然HHI指数没有考虑电力的特点,但HHI指数仍然具有重要参考意义[53,63]。

基准集中度法的参照基准是一个地区的市场,相应的被评估对象是另一个市场。因此,基准集中度法是一种宏观评估手段。

在基准集中度法中,选取HHI指数较低的地区作为参照基准。在此基础上,尽量选取电源结构类似的市场作对比分析。

基准集中度法与其他对比评估方法类似,主要对比容量、价格及其综合指标。例如,对比被评估市场和基准市场的平均申报率、强迫停运率、上网电价以及电价的波动程度等。

另外,市场规则也是影响市场竞争的重要因素。因此,采用基准集中度法以其他地区的市场为评价参照时,还需要考虑市场规则的差异,应尽量选取市场规则比较接近的市场作为评价基准。

由于基准集中度法以其他地区市场为参照基准,需要考虑较多的其他相关因素,如市场规则、电源结构等,使这种评估方法的准确性受到一定的影响,因此适宜进行定性分析。

3.5.6 基于有效竞争的评估方法小结

针对目前发电侧市场监管评估方法存在的问题,如评估结果存在偏差、评估过程复杂、随意性大等,这里提出发电侧电力市场监管的评估标准应基于有效竞争。同时,以有效竞争为目标提出基准电厂法、基准时段法、基准节点(节点集)法和基准集中度法,研究这些评估方法的评估内容、适应性等。这些评估方法具有思路简单、可操作性强、评估结果可信的优点,并且可以综合应用,如将基准时段法和基准节点法组合,以供给不紧张的节点(集)在系统负荷低的时段为评估基准等。综合评估中所选的市场的基准更严格,评估结果更具有说服力,对我国电力市场建设和电力监管工作具有积极的意义。

3.6　竞价上网机制关于市场效率损失的几个问题

本节研究发电市场关于市场效率的几个问题。效率和公平是市场的两大核心主题,电力体制改革要提高效率,并给市场成员平等的市场机会。通过市场效率评估,及时发现市场效率低下的环节,并分析导致效率低下的原因,及时修正,可使电力市场机制逐渐成熟,使市场稳定运行。

发电市场机制解决了发输电纵向市场力的问题,较大幅度地提高了效率,这可以从本章上几节分析中得出结论。但市场竞争力度不足的问题可能存在,发电厂市场力可能导致效率损失。同时,电力市场改革使决策从统一决策转变为市场成员分散决策,决策协调程度下降,可能导致部分效率损失。另外,交易成本相对于垂直垄断而言也会发生一定的变化。本节从以上方面入手,提出发电市场效率的一些问题,并对合理的发电市场运营模式进行分析。

3.6.1　交易成本

对垂直垄断的电力工业的运营进行分析时,由于关联度的影响,发电厂上网的经济顺序被扭曲,导致效率损失。实质上这可以认为是垂直一体情况下的交易成本。根据代理模型[84],由于规则不明确、存在交叉补贴,且关联度扭曲上网经济顺序,各个发电厂将采取各种措施争取发电指标,产生巨大的交易成本。

在厂网分开后,通过确立分配发电指标的规则,这部分交易成本可显著降低。注意到这部分效益是由厂网分开产生的。只要实施厂网分开,加强调度交易的监管,不一定要实施竞价上网才能取得这部分效益。

另外,在厂网分开后,各个发电厂仍然可能采取一些措施尽可能提高与电力公司或者电力公司工作人员的关联度 k_i。这也可能造成部分交易成本,因此厂网分开后需要加强对调度交易的监管。

同时,采用竞价上网后交易成本的其他一些方面会上升,主要包括电力市场交易规则的订立、电力市场技术支持系统的建设与运营以及其他一些相关因素。

3.6.2　决策协调程度与效率损失

电力系统本身是一个需要高度协调的系统。市场的特点之一就是市场成员分散决策,这与电力工业高度协调的特点有一定的矛盾。分散决策不可避免地会带来一些效率损失。举例说明如下。

① 水火互补效益可能降低。

分散化决策的竞价上网可能带来水电和火电互补效益降低、弃水增加或者水电未能充分发挥调峰效益。

② 不同流域之间水电的补偿效益降低。

③ 同一流域水电厂之间的协调问题。

如果在同一流域上的水电厂产权结构相同,那么该问题可以在很大程度上避免。当同一个流域的各水电厂具有不同的产权结构时,尤其是各电厂调节能力差别比较大时,水库优化调度方法可能得不到充分应用,带来较大的损失。

④ 检修方案的协调问题。

在统一决策的情况下,检修方案可由调度机构统一制定,各电厂分别执行。采用等备用率或者等风险率的方法,使系统各个事情的备用水平比较均衡,在负荷较低的季节多安排机组检修。这些方法从电力系统技术、经济的角度来看是合理的,也是行之有效的。在分散决策的情况下,检修方案可能不协调,甚至成为发电厂使用市场力的手段。

上述几例,具体的效率损失大小与各个市场采用的市场运营模式和市场规则密切相关,但是这些现象普遍存在。

上面简单列举了几个问题,每个问题都是值得深入研究的。协调决策成本以及协调决策程度降低带来的损失,也可以认为是交易成本的一个方面。

3.6.3　社会效率损失

这里所称的社会效率损失,主要是指由如下原因造成的效率损失。

　　发电厂需要使用大量公共资源,如一次能源、水资源等。由于这些公共资源是有限的,因此在一定区域内,发电厂具有排他性。例如,一个火电厂需要使用大量水资源洗煤,在一个比较干旱的地区,可能只能提供一个电厂生产所需要的水资源;在一个流域上,一定的范围内只具备建设一个水电厂的机会。

　　一些电厂,如部分水电厂使用特定类型的优质公共资源,或者使用较多的公共资源,或者有较大的负外部性,从而成本很低。发电厂因使用一次能源的不同、地点的不同等因素,成本差异很大,导致各个发电厂必然处于不同的起跑线。这种差异是合理的,电力市场应基于这种成本差异,给予发电厂投资者合理的成本补偿,同时限制他们获得暴利的机会。

　　如果开展竞价上网,一些成本低的发电厂将获得暴利,也就是说使用优质公共资源的发电厂获得暴利,而另一些发电厂将无法生存。这种现象将严重损害公共利益。关于这种情况有很多文献进行了研究,并提出了分组竞价等思路[85,86],但这并不能根本性地解决问题。

3.6.4　发电厂市场力导致的效率损失

　　发电厂市场力也是造成市场效率损失的重要原因,我们提出一些评估方法和评估指标。可以看到,发电厂的结构性市场力在绝大部分市场中所占比重比较大。根据 ILMI 方法,假设系统中每个节点的发电厂都具有不同的产权,即使在这种情况下,IEEE-96 系统的 ILMI 指标也属于中度竞争。如果考虑到不同节点发电厂之间的产权关联关系,绝大部分市场中的结构性市场力处于严重垄断的程度。

3.7　"厂网分开,竞价上网"的结构性问题

　　"厂网分开,竞价上网"是我国 20 世纪末、21 世纪初电力体制改革的重点。实际上,我国只实施了厂网分开的改革,竞价上网在一定程度上实施了一些试点,最终并未得到推广。在世界范围内,也有其他国家和地区采取了该项改革措施,如美国加州。研究与实践均表明,厂网分

开能产生较大的改革效益,但电力库模式的竞价上网,可能导致严重后果。

3.7.1 厂网分开改革

在推动厂网分开改革前,多数国家的电力工业处于垂直垄断经营的状态。电力公司同时经营发电、输配电,以及附属的电力设备制造、勘察设计等业务。但由于电力属于资本密集型行业等导致其存在一些独立电厂;也有一些电厂,并非电力公司持有全部股份。因此,在发电市场中,存在不同的发电企业与电力公司股权关系强弱不同的现象。

由于电力公司垄断经营,出现了在调度中偏向自有发电厂、持股发电厂的现象。例如,优先调用自有电厂发电,优先调用独立电厂承担各种无偿辅助服务等。厂网分开能有效规避电厂之间的不公平现象。因此,很多国家和地区陆续推动了厂网分开的改革。

我国经多年试点和研究,于 2002 年底实施了厂网分开的改革,将原国家电力公司重组为国家电网公司和南方电网公司,以及中国大唐集团公司、中国电力投资集团公司、中国国电集团公司、中国华能集团公司、中国华电集团公司等五大发电集团。

厂网分开十余年,虽然预期的竞价上网改革没有落实,但仍然取得了很好的效果,例如:

① 2002 年我国发电装机容量为 35 657 万千瓦,截至 2012 年,达 11.45 亿千瓦。

② 2002 年我国可再生能源装机容量为 9000 万千瓦,截至 2012 年,达 3.13 亿千瓦。

③ 2002 年我国可再生能源发电量为 2980 亿千瓦,2012 年可再生能源发电量为 9680 亿千瓦。

④ 2002 年我国火电单位装机容量建设成本为 5000～6000 元(单位千瓦),2012 年为 3500～4500 元(单位千瓦),下降 25%～30%。

⑤ 2002 年我国水电装机容量为 8455 万千瓦,截至 2012 年装机容量达 2.49 亿千瓦。

⑥ 2002 年我国水电发电量为 2477 亿千瓦,截至 2012 年水电发电量达 8641 亿千瓦。

⑦ 2002 年我国水电单位装机容量建设成本为 7000～10000 元(单位千瓦),截至 2011 年为 0.65 万元,下降 7%～35%。

⑧ 2002 年我国风电装机容量为 46.8 万千瓦,截至 2012 年装机容量达 6300 万千瓦。

⑨ 2002 年我国风电发电量为 8.04 亿千瓦,截至 2012 年风电发电量达 1004 亿千瓦(并网风电发电量)。

⑩ 2002 年我国风电单位装机容量建设成本为 7680 元,截至 2011 年约为 4000 元,下降 47.92%。

⑪ 2000 年我国太阳能装机容量约为 0.5 万千瓦,截至 2010 年太阳能发电累计装机容量达到 86 万千瓦。

⑫ 2000 年我国太阳能发电量约为 42 万千瓦,2010 年太阳能发电量为 7216 万千瓦。

⑬ 2000 年底,我国太阳能光伏单位装机容量建设成本为 60 000～70 000 元(单位千瓦);到 2012 年,我国太阳能光伏单位装机容量建设成本为 21 000 元(单位千瓦),下降 58%～70%。

虽然上述成就不单是厂网分开改革带来的,但厂网分开为发电企业提供了相对公平的环境,且在其获得发电的一次能源时存在竞争。同时,国有发电企业竞争提高关键绩效指标,以获得上级部门认可;实施标杆电价(同类型机组统一上网电价),使发电企业有了控制成本的激励等。因此,我国发电行业在厂网分开后取得了巨大成就。

3.7.2　竞价上网改革

我国自 2002 年起,对不同区域的省市电网开展了不同形式的竞价上网的研究、模拟、试运行,但效果均不佳,未形成可推广的竞价机制。国际上,美国加州采取了厂网分开、竞价上网的改革,采用电力库模式,发电厂向电网公司竞价售电,由电网公司统一采购后向用户送电。美国加州在 2000 年遭遇了著名的"电灾",即发电厂在竞价中大幅度提高报价,而电网公司售电价格却是被管制的,导致电网公司巨额亏损[82]。

竞价上网的改革在没有开放用户参与市场竞争的情况下,目前尚没有成功的先例。这不是偶然的,而是其中存在结构性缺陷的必然结果。

在发电厂竞价上网,电网公司统一采购,再向用户转售的市场结构下,用户没有参与市场竞争,用户的用电价格与电力库中电网公司采购价格无关,所以某一个时刻的电力负荷,与电力库中的价格无关。用经济学的观点解释,电力库中的交易,需求侧是完全无弹性的。

经济学研究早已得出如下结论:

① 在供大于求的情况下,由于需求缺乏弹性,供应商降低报价并不能使市场需求明显增加,会导致市场价格显著低于合理价格。例如,"谷贱伤农",在丰收情况下,供应增加,由于粮食需求缺乏弹性,价格降低并不能使需求明显增加,所以粮食价格显著降低方可实现供需平衡。在电力库模式的市场中,需求无弹性时,供大于求将使上网电价显著降低。

② 在供不应求的情况下,由于需求缺乏弹性,供应商提高报价并不会使市场需求明显增加,为了使其利益最大化,供应商将显著提高报价以谋求更大的利益,这将使市场价格显著高于合理价格。美国加州2000年前后发生的"电灾"就是这种情况。由于当年是枯水年,部分电力建设项目被环保组织阻止而导致电力供应存在一定的缺口;在改革前发电厂上网平均电价约 38 美元/MWh;为了赋予发电企业较大自主权,设置的报价上限为 1000 美元/MWh。在供不应求的情况下,发电企业充分利用这一千载难逢的机会,使得高峰时段电价经常飙升至改革前的十余倍。由此,导致电网公司巨额亏损,加州州政府财政不得不补贴电网企业。

可以说,在需求缺乏弹性的市场中,市场价格将对供需情况非常敏感,即市场价格随着供需情况的变化而急剧变化。电力库模式的电力市场就是这种情况。

3.8　发电市场运营模式建议

上一节对竞价上网可能存在的问题做了简单的总结,有些问题在我国产生的影响尤其明显。在第 2 章中,我们对激励相容的电力市场竞价机制框架进行了分析,这里从另一个角度提出发电市场运营的另一种可供选择的模式。

我国目前发电环节的运营机制可以用管制入市、竞价上网来概括。管制入市是指投资者建设电厂是受到管制的,需要由政府主管部门核准;上网电量逐步向竞价上网转变。结合上一节总结的问题和其他各节的分析,我们提出用竞争入市、管制发电的模式作为发电市场运营的另一种选择。上节列举了几项竞价上网机制可能导致的效率损失。另外,发电厂的固定成本占发电总成本的比重大,发电厂在建设时采用的技术方案和设备,以及发电厂所采用的一次能源,在很大程度上决定了发电厂的发电成本。通过技术改造或者管理升级,提高的成本与总成本相比幅度一般比较小。所以,发电厂投产后组织的竞争,只能激励发电企业在较小的范围内提高生产效率。发电厂提高生产效率的关键还是在规划、设计和投资建设阶段(入市环节)。

在 3.3 节分析发现发电侧竞价上网,由于用户侧没有开放,不得不大幅度限制市场成员的策略范围,最终效果都如同管制或者接近管制。因为在发电侧不开放的情况下,总需求和总价格相对固定,是总利益相对稳定的博弈结构,往往需要采取管制措施。因此,竞价上网机制实际运行的效果往往是管制或者接近管制。所以,在发电环节引入市场竞争,可以考虑采用新的机制。

竞争和管制是相对的,但又是密切联系在一起的,不能截然分开,都是用于追求效率和公平的手段。发电市场应该采取合理的竞争和管制相结合的模式,可以采用竞争入市、管制上网的机制。该机制的框架设计如下:

① 由监管机构制定电网和电源规划,确定需要建设的电源项目。当然,投资者也可以提出建设建议,由监管机构评议确定。投资者只能

在监管机构允许投资的电源、电网项目范围内进行投资,避免投资者无序的跑马圈地。

②　监管机构将电源投资项目公开,规定该项目的边界条件,例如必须达到的环境保护标准、税收等因素以及发电厂的规模等要求。

③　各投资者竞争建设该电源项目,向监管机构或者政府主管部门提出自己的建设条件。主要内容包括:

第一,该电厂每年每 MW 容量应获得的固定容量补偿。

第二,该电厂电量电价。

第三,承诺的环境保护标准等其他相关因素。

④　监管机构评标,选择最合适的投资者建设该电厂。

⑤　该电厂建成投产后,由电力调度交易中心直接组织调度,每年固定支付该电厂容量费,并按照电量电价支付实际电量电费。

⑥　监管机构可以采用基于绩效的管制机制,对发电企业进行管制,激励发电企业提高效率。例如,可利用价格上限制的管制思路,定期调整发电企业每年固定能获得的容量补偿和电量电价。

⑦　对于现有发电厂,以国家价格主管部门已经批复、目前正在执行的价格作为基点,接受电力监管机构基于绩效的管制,年发电量以批复电量为准。

限于篇幅,不展开上述机制的详细分析。上述机制具有如下特点:

①　在运行机制方面,坚持集中决策。

电力体制改革前的运行机制,在世界各国沿用了一百多年,在某些方面符合电力工业技术特点,如实时平衡、高度协调等。长期以来电力工业都是集中决策,上述机制能减少分散决策带来的效率损失。不过,在改革前集中决策的机构缺乏监督,这是缺乏效率的主要原因,而不是因为集中决策。因此,集中决策能最大限度降低改革成本,并且符合电力工业的技术特点。

②　在最能提高效率的发电市场准入环节引入了竞争,对降低成本的作用最大,并最能保证市场的高效率。

③　在发电厂的运行中引入管制,避免一些发电厂大量使用廉价公共资源,牟取暴利、损害公共利益。例如,一些水电企业的发电厂成本

极低,若与火电直接竞价上网,必然具有较大的优势。这些水电企业具有竞争优势的原因并不是它们努力经营降低成本的结果,而是因为它们使用了更多廉价公共资源。

④ 防止了发电厂使用市场力。

应用第 2 章分析的激励相容机制可知,这种机制符合激励相容原则。

3.9 节能调度与低碳调度及其一致性评估

电力系统的调度是一个典型的优化问题。在该优化问题中,目标函数的建立是调度体制中最关键的一环。为了实现我国电力系统调度的优化目标,近十余年来进行了多次改革。目前采用的是以煤耗(化石能源消耗)最低为目标的方式,即节能发电调度。采用节能发电调度,以发电厂的煤耗作为为机组被调度优先级的确定依据,而不是发电厂的报价。因此,不存在发电厂滥用市场力的问题。但是随着气候变暖,降低温室气体排放也是一个迫切需要解决的问题。因此,未来是以碳排放最低为目标,还是以能耗和排放为多目标进行优化,是一个需要探讨的问题。这个问题的核心是节能调度和低碳调度在多大程度上是一致的? 本节提出评估方法来解决该问题。

我国高度重视节能减排,把单位 GDP 能耗降低 20% 作为"十一五"期间的硬性指标。在"十二五"期间,也将节能和减排作为硬性指标。电力是一次能源消费和污染排放的主要行业。为推动电力行业节能减排,我国自 2007 年底开始试行节能发电调度(ESGD)。

随着全球气候变暖的形势越来越严峻,国际社会降低二氧化碳(CO_2)等温室气体排放的呼声越来越高。节能减排的含义得到拓展,即不但需要降低污染物排放,还需要降低 CO_2 温室气体的排放。为了实现在哥本哈根会议上做出的减排承诺,我国"十二五"期间将 CO_2 减排也纳入硬性约束。发电领域排放的 CO_2 占我国 CO_2 排放总量的 38.76%[87],因此低碳将继安全、经济之后成为电力系统调度运行中的重要目标之一[88]。

已有大量文献对发电调度的优化算法和优化模型进行了深入的研究。文献[89]～[92]研究了基于各种改进算法的 ESGD 方法。文献[93]～[95]针对经济运行及环境保护这两个目标建立了 ESGD 的优化模型。有较多文献研究了电力市场与 ESGD 的关系,文献[96]研究了电力市场与 ESGD 相结合的理论及应用。文献[97]基于两部制上网电价,提出准市场化的 ESGD 模式。文献[98]以 ESGD 为导向,设计了发电侧和售电侧的峰谷分时电价联合优化模型。

目前国内对低碳电力调度(LCGD)的研究刚刚起步。文献[99]分析了低碳电力的形势和特点,建立了低碳电力技术的研究框架。文献[100]描述了不同类别电源的电碳调度特性,并建立了初步的 LCGD 决策模型。文献[101]分析了实施 ESGD 对降低电力 CO_2 排放的重要作用,初步探讨了 ESGD 和 LCGD 之间的关系。

现有文献基本是分开研究 ESGD 和 LCGD。然而,在节能目标和低碳目标的双重要求下,亟需评估 ESGD 办法是否适应新形势的需求,即 ESGD 和 LCGD 的一致性。

基于以上分析,本节从解的一致性和目标的一致性两个角度分别提出评估 ESGD 和 LCGD 一致性的方法,定义一致性评估指标,为 ESGD 管理办法的完善、节能与低碳的协调提供支持。

3.9.1 调度优化数学模型

1. 目标函数

电力系统调度是一个典型的多目标优化问题,即

$$\min F(X) = [\min f_1(X), \min f_2(X), \cdots, \min f_m(X)]^T \quad (3\text{-}20)$$

其中,$X \in S$;$f_i(X)$ 为第 i 个目标函数;S 为定义域。

目标函数 $f_i(X)$ 包括:

(1) 能耗最低

$$\min f = \sum_{t=1}^{T} \sum_{i=1}^{N} [s_{i,t} \cdot EC_i(P_{i,t})] \quad (3\text{-}21)$$

其中,f 为系统能耗函数;N 为机组数;T 为时段数;$s_{i,t}$ 为机组的运行状态,值为 0 时表示停机,值为 1 时表示运行;$P_{i,t}$ 为机组 i 第 t 时段有功

出力；$EC_i(P_{i,t})$ 为机组能耗函数，表示机组 i 第 t 时段出力为 $P_{i,t}$ 时消耗的化石燃料质量（折算成标准煤），单位为 t/h。

（2）碳排放最低

$$\min g = \sum_{t=1}^{T} \sum_{i=1}^{N} \left[s_{i,t} \cdot d_i(P_{i,t}) \right] \tag{3-22}$$

其中，g 为系统 CO_2 排放函数；$d_i(P_{i,t})$ 为机组电碳特征函数[107]，表示机组 i 第 t 时段出力为 $P_{i,t}$ 时的 CO_2 排放量，单位为 t/h。

（3）电网企业电力电量采购成本最低

$$\min B = \sum_{t=1}^{T} \sum_{i=1}^{N} \left[s_{i,t} \cdot \rho_{i,t} \cdot P_{i,t} \right] \tag{3-23}$$

其中，B 为电力电量采购成本；$\rho_{i,t}$ 为机组 i 第 t 时段的上网电价。

（4）发电总成本最低

$$\min H = \sum_{t=1}^{T} \sum_{i=1}^{N} \left[FC_i(P_{i,t}) + SC_{i,t} + V_{i,t} + LC_t(P_{i,t}) \right] \tag{3-24}$$

其中，H 为发电成本；$FC_i(P_{i,t})$ 为机组能耗费用函数，表示机组 i 第 t 时段出力为 $P_{i,t}$ 时所需的能源耗量费用；$SC_{i,t}$ 为机组启停费用；$V_{i,t}$ 为发电机组耗量曲线的阈点效应；$LC_t(P_{i,t})$ 为网损函数，表示机组 i 第 t 时段出力为 $P_{i,t}$ 时相应的网损分摊费用。

此外，还有污染物排放量最少等目标函数。ESGD 以能耗最低为主要目标，LCGD 以碳排放最低为主要目标。本节探讨能耗最低和碳排放最低这两个目标的一致性。

2. 约束条件

电网调度方案必须满足各项约束[101,102]，约束条件大致可分为以下几类：

（1）机组约束

机组约束包括机组出力范围约束，机组启停机出力变化速率约束，机组最小运行/停运时间约束等。

例如机组出力范围约束为

$$\underline{P_i} \leqslant P_{i,t} \leqslant \overline{P_i}, \quad i=1,2,\cdots,N \tag{3-25}$$

其中，$\overline{P_i}$ 和 $\underline{P_i}$ 分别为机组 i 的出力上限和下限。

（2）节点约束

节点约束包括节点电压约束、有功和无功范围约束等。

例如节点电压约束为

$$\underline{U_i} \leqslant U_{i,t} \leqslant \overline{U_i}, \quad i = 1, 2, \cdots, N \tag{3-26}$$

其中，$U_{i,t}$ 为节点 i 第 t 时段的电压；$\overline{U_i}$ 和 $\underline{U_i}$ 分别为节点 i 的电压上限和下限。

（3）网络约束

网络约束包括系统有功平衡约束、系统备用约束、基尔霍夫电压定律、线路传输容量约束、断面传输容量约束等。

例如系统有功平衡约束为

$$\sum_{i=1}^{N} s_{i,t} P_{i,t} = L_t, \quad t = 1, 2, \cdots, T \tag{3-27}$$

其中，L_t 为 t 时段系统负荷（含线损）。

因为各项约束条件已经在相关文献中多次被提及，这里不再赘述。

3.9.2 多目标优化的一致性评估方法

1. 解的一致性评估

为了从解的角度评估多目标优化的一致性，做出如下定义。

定义 1 设多目标问题如式（3-20）所示，$X_0 \in S$，若 X_0 使多目标函数 F 达到最优，则称 X_0 为理想解。

定义 2 设多目标问题如式（3-20）所示，若采用逼近理想解的方法获得多目标函数 F 中各目标函数的最优值 $f_{i,0}$，将其对应的解 $X^{(i)}$ 称为局部理想解，即令目标函数 f_i 最小的解。

通过各局部理想解与理想解之间的距离，可评估多目标优化问题的一致性。

各个 $\boldsymbol{X}^{(i)}$ 组成一个 $n \times m$ 的矩阵，即

$$\boldsymbol{X} = \begin{bmatrix} x_{11} & x_{12} & \cdots & x_{1m} \\ x_{21} & x_{22} & \cdots & x_{2m} \\ \vdots & \vdots & & \vdots \\ x_{n1} & x_{n2} & \cdots & x_{nm} \end{bmatrix} \tag{3-28}$$

其中,第 i 列向量构成局部理想解 $\boldsymbol{X}^{(i)}$。

对每一行取平均值,形成新的列向量 $\boldsymbol{A}$,称为平均向量,即

$$\boldsymbol{A} = \begin{bmatrix} a_1 \\ a_2 \\ \vdots \\ a_n \end{bmatrix} = \frac{1}{m} \begin{bmatrix} \displaystyle\sum_{i=1}^{m} x_{1,i} \\ \displaystyle\sum_{i=1}^{m} x_{2,i} \\ \vdots \\ \displaystyle\sum_{i=1}^{m} x_{n,i} \end{bmatrix} \tag{3-29}$$

以每一行绝对值的最大值为基准,对解向量和平均向量进行归一化处理,即

$$x'_{ij} = \frac{x_{ij}}{\max\limits_{j=1,2,\cdots,m} |x_{ij}|} \tag{3-30}$$

$$a'_i = \frac{a_i}{\max\limits_{j=1,2,\cdots,m} |x_{ij}|} \tag{3-31}$$

然后分别计算各局部理想解与平均向量 $\boldsymbol{A}$ 之间的距离,除以 $\sqrt{n}$ 进行归一化,即

$$h_j = \frac{1}{\sqrt{n}} \frac{|\boldsymbol{X}^{(j)} - \boldsymbol{A}|}{\max\limits_{j=1,2,\cdots,m} |x_{ij}|} = \frac{1}{\sqrt{n}} \sqrt{\sum_{i=1}^{n} (x'_{ij} - a'_i)^2} \tag{3-32}$$

其中,h_j 为第 j 个局部理想解与平均向量间的距离。

取距离的平均数作为解的一致性评估指标,指标的定义为

$$S = \frac{1}{m} \sum_{i=1}^{m} h_i \tag{3-33}$$

S 的取值范围是 $0 \sim 1$,在理想情况下,解的一致性评估指标为 0,即各个局部理想解都是理想解,能同时使目标函数的各个分量达到最优。

任意两个目标函数解之间的差别可以用其各自归一化后的局部理想解之间的距离进行评估,即

$$S_{i,j} = |\boldsymbol{X}^{(i)'} - \boldsymbol{X}^{(j)'}| = \sqrt{\sum_{k=1}^{n} (x'_{k,i} - x'_{k,j})^2} \tag{3-34}$$

在理想情况下,$S_{i,j}$ 的值为 0,两个目标函数的解之间没有差别。$S_{i,j}$ 的值越大,说明两个目标函数优化后决策变量的取值差别越大,目标越不一致。

2. 目标函数的一致性评估

目标函数的一致性是指多目标优化问题中一个目标达到最优时的函数值与所有目标同时达到最优时函数值的差别。

各目标函数的最优值 $\boldsymbol{F}_{i,0}$ 构成 $\boldsymbol{F}$ 的最优值向量,即

$$\boldsymbol{F}_{i,0} = \begin{bmatrix} f_{1,0} & f_{2,0} & \cdots & f_{m,0} \end{bmatrix}^{\mathrm{T}} \tag{3-35}$$

令

$$\boldsymbol{F}_i = \boldsymbol{F}(X^{(i)}) = \begin{bmatrix} f_1(X^{(i)}) & f_2(X^{(i)}) & \cdots & f_m(X^{(i)}) \end{bmatrix}^{\mathrm{T}} \tag{3-36}$$

其中,$\boldsymbol{F}_i$ 为局部理想解 $X^{(i)}$ 对应的目标函数向量,此时多目标函数的第 i 个分量取最优值。

以各目标函数绝对值的最大值为基准,对目标函数向量和最优值向量归一化,即

$$f_j'(X^{(i)}) = \frac{f_j(X^{(i)})}{\max\limits_{i=1,2,\cdots,m} |f_j(X^{(i)})|} \tag{3-37}$$

$$f_{j,0}'(X^{(i)}) = \frac{f_{j,0}}{\max\limits_{i=1,2,\cdots,m} |f_j(X^{(i)})|} \tag{3-38}$$

可求得 $\boldsymbol{F}_i$ 与最优值之间归一化后的距离,即

$$D_i = \frac{1}{\sqrt{m}} \frac{|\boldsymbol{F}_i - \boldsymbol{F}_{i,0}|}{\max\limits_{i=1,2,\cdots,m} |f_j(X^{(i)})|} = \frac{1}{\sqrt{m}} \sqrt{\sum_{j=1}^{m} (f_j'(X^{(i)}) - f_{j,0}')^2} \tag{3-39}$$

其中,D_i 为第 i 个分量取最优值时对应的目标函数向量与最优值之间的距离。

进一步,根据式(3-39)可以定义多目标优化问题的目标函数一致性评估指标,即

$$C = \frac{1}{m} \sum_{i=1}^{m} D_i \tag{3-40}$$

其中,C 为目标函数的一致性指标,是指各个局部最优值与最优值之间

距离归一化后的平均数。

　　C 的取值范围是 $0\sim1$,在理想情况下,各个局部最优值与最优值相同,D_i 均等于 0,从而一致性指标 C 为 0。C 的值越接近 0,表明两个目标函数的一致性越强。

3.9.3　电力调度典型条件下的一致性分析

　　1. ESGD 与 LCGD 一致性条件

　　在 ESGD 和 LCGD 各自的优化数学模型中,目标函数只有机组能耗函数 $EC_i(P_{i,t})$ 和电碳特征函数 $d_i(P_{i,t})$ 不同,约束条件与决策变量都相同。

　　若系统中各个机组的能耗函数和电碳特征函数都相似,即

$$\begin{cases} \dfrac{EC_1(P_{1,t})}{d_1(P_{1,t})}=\cdots=\dfrac{EC_i(P_{i,t})}{d_i(P_{i,t})}=\lambda, & d_i(P_{i,t})\neq0 \\ EC_i(P_{i,t})=0, & d_i(P_{i,t})=0 \end{cases} \tag{3-41}$$

其中,λ 为常数。

　　ESGD 和 LCGD 的目标函数也成比例相似,即

$$\begin{aligned} \min f &= \sum_{t=1}^{T}\sum_{i=1}^{N}\big[s_{i,t}\cdot EC_i(P_{i,t})\big] \\ &= \min \sum_{t=1}^{T}\sum_{i=1}^{N}\big[s_{i,t}\cdot(\lambda\cdot d_i(P_{i,t}))\big] \\ &= \min \lambda\cdot g \\ &= \lambda\cdot\min g \end{aligned} \tag{3-42}$$

　　在这种情况下,优化后两个函数的决策变量取值相同,即两种调度方式的结果是一致的。式(3-42)是 ESGD 和 LCGD 结果一致的充分非必要条件。

　　2. **不考虑 OPP/GPP 和燃气-蒸汽联合循环发电机组(combined cycle power plant,CCPP)的一致性分析**

　　事实上,水电、核电与风电等电源机组在电能生产中消耗的化石燃料质量和 CO_2 排放量均可忽略不计[103],可以认为这些机组的能耗函数

和电碳特征函数等于 0,即

$$EC_{水电等}(P_{i,t})=0, \quad d_{水电等}(P_{i,t})=0 \quad (3\text{-}43)$$

根据文献[100]可以定义普通化石燃料类电源的电碳特征函数,即

$$d_t=\frac{e}{q\eta_t}P_t \quad (3\text{-}44)$$

其中,e 为该电源所用燃料的 CO_2 排放系数,即单位燃料充分燃烧后排放的 CO_2 量;q 为该燃料的单位发热值;η_t 为发电效率。

按照发电效率的定义,有

$$\eta_t=\frac{3\ 600\ kJ/KW \times h \times P_t}{29\ 308\ kJ/kg \times EC(P_t) \times 10^3} \times 100\% \quad (3\text{-}45)$$

电碳特征函数可以表示为

$$d_t=\frac{e}{q\eta_t}P_t=\frac{29\ 308}{3600} \times \frac{e}{q} \times \frac{EC(P_t)}{P_t} \times P_t \quad (3\text{-}46)$$

若 q 为 8.14(kWh)/kg 标准煤,上式可化简为

$$d_t=1.0014 \times e \times EC(P_t) \quad (3\text{-}47)$$

不同的化石燃料燃烧后 CO_2 排放系数各不相同。例如,燃料煤的排放系数 $e_{燃料煤}=2.77\ kgCO_2/kg$ 标准煤,燃料油的排放系数 $e_{燃料油}=2.27\ kgCO_2/kg$ 标准煤,天然气的排放系数 $e_{天然气}=1.64\ kgCO_2/kg$ 标准煤[104],则不同化石原料的火电厂的电碳特征函数各不相同,即

$$\begin{cases} d_{t燃料煤}=2.77038EC(P_t) \\ d_{t燃料油}=2.27031EC(P_t) \\ d_{t天然气}=1.64022EC(P_t) \end{cases} \quad (3\text{-}48)$$

由此可见,若调度范围只包含水电等能耗函数和电碳特征函数均等于 0 的电源,以及使用同一种原料的化石燃料类电厂,则这些电源能满足 ESGD 和 LCGD 结果一致的充分非必要条件。若化石燃料类电厂使用不同的原料,则各机组间的能耗函数和电碳特征函数不相似,ESGD 和 LCGD 的目标不一致。

3. 考虑 OPP/GPP 和 CCPP 的一致性分析

目前,碳捕集与封存技术被认为是未来大规模减少温室气体排放最经济、可行的方法。装备有碳捕集装置的电厂,其 CO_2 的排放量与普

通火电厂相比最多能减少 90%。同时,现有的燃油或燃气电厂因为其一次能源的燃烧率高于煤炭,所以将燃料按燃烧值或市场价格折算成标准煤后,其电碳特征函数与传统的燃煤机组有所不同。在这两种情况下,发电机组的能耗函数与电碳特征函数不成比例。虽然当前 CCPP 和其他化石燃料电厂的数量十分有限,但是这两种电厂,尤其是 CCPP 是未来的发展方向之一,因此有必要对考虑含有这两种电厂的系统进行 LCGD 和 ESGD 的一致性评估。

此外,如果普通化石燃料类电厂装备有碳捕集装置,机组的电碳特性将发生改变[101],即

$$d_t' = d_t - W \qquad (3-49)$$

其中,W 为电厂所捕集的 CO_2 总量,当电厂不实施 CO_2 捕集时,W 取最小值 0;当电厂对所排放的全部 CO_2 实施碳捕集时,W 将取最大值 W^{max},即

$$\begin{cases} 0 \leqslant W \leqslant W^{max} \\ W^{max} = \gamma d_t \end{cases} \qquad (3-50)$$

其中,γ 为 CO_2 捕集率,一般取值在 80%~95%。

此时,CCPP 和普通化石燃料类电厂的能耗函数与电碳特征函数的比值不同,ESGD 和 LCGD 的目标函数不相似,优化结果可能不一致。

4. 应用前景分析

通过评估 LCGD 和 ESGD 的一致性,可以为现行调度管理办法的修订提供参考。为了落实"十二五"减排指标,若两者一致性差距较大,则需要对 ESGD 管理办法进行修订,以同时实现两个目标;若一致性较高,则暂时不需要修订,因为实现节能目标的同时就可以实现减排。

再者,从理论上来说,若多目标优化问题的多个目标函数之间的一致性不同,应该采用不同的多目标优化方法。

3.10　小　　结

本章主要研究了发电厂市场力的评估与监管,并对发电市场的效

率进行了分析。

在发电厂市场力分析方面，本章首先对市场力指标进行了详细归类，重点对结构性市场力和结果性市场力两大指标进行分析。通过全面分类，分析市场力的特性，形成完整的市场力指标体系。

本章提出一种全新的、能准确评估区域性市场力的综合评估方法。该方法紧密结合电力工业的特点，可以量化评估网络约束对市场力的贡献率，并将集中度、供需情况与网络约束综合分析。应用该方法，可以分析造成市场力的主要原因，提出削减市场力最有效的策略，并指出各个节点受到市场力影响的程度。在市场条件下，可用输电走廊对削减市场力的贡献程度来评估其价值，从而为电网规划决策输电走廊建设与合理容量选择提供支持。

对于市场力使用程度的评估，提出以有效竞争作为监管目标和评估的基准。同时，提出基于有效竞争的评估方法，这些方法分别以有效竞争的市场运营情况作为基准，能客观评估发电厂使用市场力的程度及后果，具有操作简单、直观、含义丰富的特点。

基于市场力分析和激励相容的机制设计理论，本章对发电厂市场的运营模式提出一种可供选择的模式，即竞争入市、管制上网机制。

最后，分析了节能调度与低碳调度的一致性。

第四章　输配电监管

4.1　概　述

输电和配电监管在多个方面具有相似性,如被监管对象的经营特点、监管方式和方法等,本书中我们将输电和配电的监管统称为输配电监管。

输配电监管的主要内容包括输配电成本监管、电网公平开放、电力普遍服务和调度交易监管[105]。在输配电成本监管方面,国内外的研究比较深入,但对电网公平开放和电力普遍服务的含义与实施方法,以及如何确保调度交易方案公平、公正、公开的研究却比较欠缺。本章将着重分析和研究以上输配电监管方面的内容。

电力系统是一个庞大的非线性系统。除了庞大、复杂外,电网还具有很多突出的技术、经济特点,使得输配电监管不同于其他垄断环节的监管。这些特点主要包括:

① 电网的自然垄断特性,以及电力工业对社会的基础性作用。任何变化都有可能对公共利益带来巨大的影响。

② 电网的外部特性,既有正的外部属性,又有负的外部属性。

③ 电网的网络特性。潮流在输电网中按阻抗分布且难以人为控制;电网要求实时平衡,否则电网可能发生重大安全事故[106]。同样是网状的其他公用事业部门,如供水部门、高速公路等,则不存在这类问题。网络特性使电网的成本和效益都具有一定程度的全局化特点,网络中任何一个部分的变化都会对其他部分的成本、状态产生影响,而且这种影响是非线性的、难以度量的。当多个部分相互作用时,如何计量每个部分带来的影响就成为一个非常复杂的问题。该特性对输配电成本归集有重大影响。

④ 电网投资的聚集性。电网投资不满足经济学中常用的边际假设,即不可用边际投入带来边际产出[107]。在一般商品生产和市场均衡

分析中,当市场不均衡,如供不应求时,供应商可以增加很小的投资获得产出较小的增加,使市场重新平衡。当电网不满足这个条件时要么不增加投资,要么增加大量投资。

⑤ 直接成本和间接成本的平衡问题。分析直接成本和间接成本的含义,以及直接成本和间接成本不平衡的倾向所造成的问题等,这些问题的分析将在输配电成本监管一节展开。

4.2　输配电运营与监管目标

从输配电的技术和经济特点出发,合理的输配电运营与监管应具备如下特点:

① 在电网的建设中引入市场机制,降低电网建设成本。

电网的运营必须维持垄断经营,但电网建设可以引入市场竞争。美国、澳大利亚和阿根廷等很多国家,在电网的建设过程中都采用过或者正在研究采用市场机制[108,109]。

上一章研究发电监管时,提出在电源建设环节引入市场竞争,这种思想同样适用于输配电。固定成本在输配电总成本中占比较高的比率,而且在建设过程中形成的网架结构和采用的技术方案,也会在很大程度上决定电网建设投产后的变动成本。因此,在建设过程中引入市场竞争,能最大幅度激励输配电成本的降低。

在一些自然垄断经营的领域中,我国很多地区已经开始尝试"代建制",在垄断行业的建设中引入市场竞争,尤其是具有管网系统的垄断行业[110,111]。这些行业推广代建制的经验可以应用到电力工业中的某些方面。

② 输配电企业的成本和服务质量应受到严格管制,以保证其公平、公正、公开、合理。防止由于其自然垄断而影响成本控制和服务质量的提高,防止黑箱操作、损害公共利益,以及激励不相容的情况。

③ 政策性亏损与经营性亏损得到严格区分。

政策性亏损是指企业由于履行电力普遍服务义务、提高安全水平,或者由于价格受到管制,管制的价格低于合理成本而导致的亏损[112]。

另外,根据电网的特点,电网必须保持适度超前建设,这将带来一定的风险和亏损,也应归为政策性亏损。这部分亏损在电网企业的管理水平较高时,在一定程度上可以规避,但其可规避程度难以量化认证。

经营性亏损是指企业由于经营不善、决策失误或者成本控制不力等不合理经营行为导致的亏损,如电力企业辅业亏损等。

在输配电监管中,对成本的管制是最重要、最核心的内容。要确保输配电企业的成本合理,遏制不合理成本,就要严格区分政策性亏损和经营性亏损。

④ 政策性亏损得到政府补贴或者通过调整价格得到补偿。

政策性亏损应该得到政府的补贴,或者由政府调整价格,使电力企业的政策性亏损得到补偿,保证企业有合理的利润空间,维持再生产和发展。

⑤ 政策性资金短缺得到政府的扶持。

政策性资金短缺是由于政策影响,电力工业需要跨越式发展,尤其是电网需要超常规发展而形成的。例如,重大招商引资活动、建设开发区等使负荷超常规增长。北京市为举办 2008 年奥运会,交通、旅游、零售等各行业都获得跨越式发展的机会。供电可靠性的要求快速提高,且北京市的电网是典型的受端电网。

跨越式的增长不是电力企业正常的现金流可以支撑的。在政策性资金短缺的情况下,政府有义务帮助电力企业改善现金流,但是政策性亏损和政策性资金短缺的性质不同。亏损是已经沉淀、无法回收的,资金短缺只是现金流的问题。因此,在政策性亏损情况下,政府支持的主要方式是补贴,是无偿划拨、赠与电力企业。在政策性资金短缺状态下,政府的义务是帮助电力企业改善现金流,方式可以包括贷款担保、提供借款、允许发行企业债券等。

⑥ 电力企业有足够的激励降低成本、履行普遍服务义务、提高电网安全。

一方面,对电力企业的成本实施强有力、基于绩效的管制,促使电力企业有足够的激励控制成本和风险。

另一方面,履行普遍服务义务、提高电网安全性。虽然可能造成一定程度的政策性亏损,但会得到政府的补贴,因此企业有动力履行普遍服务和提高电网安全的义务。

目前我国输配电监管还存在几个重大的问题:对输配电成本监管力度不够,不能明确区分电力企业的资金短缺和亏损;不能明确区分政策性亏损和经营性亏损,很难激励电力企业提高效率、降低成本。

因为电力企业和监管机构、政府部门之间的信息不对等情况比较严重[113],电力企业经营中存在海量信息,监管机构和政府部门对电力企业成本的了解程度都不够。当电力企业缺乏资金时,不能区分是暂时资金短缺还是亏损;在亏损情况下,不能严格区分是政策性亏损还是经营性亏损。

由于监管不到位,不满足激励相容,在很长的一段时间里,电力企业没有足够激励来履行电力普遍服务的义务。近年来,随着监管力度的加强,以及舆论压力的加大,电力企业强调履行企业的社会责任、电力普遍服务义务的力度得到空前加强。另一方面,电网企业缺乏控制成本的激励。

4.3 在输配电运营中引入间接竞争

竞争促使企业努力创新、提高效率。输配电具有自然垄断的特点,即在一个指定的区域,由一家企业运营比两家或者多家企业运营更有效率。在一般的市场中,不同的企业通过争夺用户的方式展开市场竞争,这也是市场直接竞争的方式。在输配电行业中不能引入直接竞争,但可以引入间接竞争(或称模拟竞争),即将输配电行业重组为若干规模相当、经营条件相当的输配电企业,通过定期评估和对比这些输配电企业的若干关键指标,营造输配电企业竞争的氛围。

规模相当体现在覆盖范围、用户数量、负荷规模和资产规模等方面基本在同一范围。强调规模相当是因为电网是典型的、具有规模效益的行业。若不同电网企业规模有较大差别,则不同的输配电企业之间将失去可比性,就起不到模拟竞争的作用。因为关键指标偏低的企业,可以用客观原因来掩盖经营不善的事实。

经营条件相当,关键是输配电成本相当。影响输配电成本的因素较多,如输电距离(负荷与电源的匹配程度)、负荷密度、负荷分布的均衡程度、经营区域的地形地貌等。以配电成本为例,影响配电成本的因素包括负荷密度、负荷特性、建设成本和电压等级,其规律如下。

① 负荷密度越高,配电设备的建设成本越低,可以使用较高电压等级供电,网损也比较低,因此供电成本比较低。

② 负荷特性主要是指负荷利用率。负荷利用率高,设备的容载比就可以适当降低,设备利用率提高,潮流变化趋缓,单位供电量分摊的固定成本的比率比较低,因此供电成本比较低。

③ 一些地域建设成本比较高,主要体现在征地、拆迁等过程中发生的补偿、谈判、安置等方面的成本。在一些大中型城市,征地、拆迁等已经成为电网建设成本的主要组成部分,也是影响电网建设工期的关键因素。

④ 用户电压等级越高,用电规模越大,平均供电成本越低。例如,220V 用户需要使用 220V 及以上所有电压等级的输配电资源,而直接接入 10kV 的用户,无需使用 10kV 以下的配电资源;直接接入 110kV 主网的用户,无需使用 35kV 及以下的配电资源,不会在这些电压等级的设备上产生损耗,成本归集时无需承担这些电压等级的成本。

开展模拟竞争的输配电企业,以 3～5 家为宜。从博弈论的角度解释,3 家经营时,达成共谋的可能性比较小;用 HHI 指数解释,4 家或以上规模相当的企业经营时,HHI 指数处于有效竞争的区域。

输配电企业开展模拟竞争应在多个方面对比不同输配电企业的关键绩效指标(key performance index,KPI)。

① 安全生产指标,包括安全记录天数、供电可靠率和人身安全记录等。

② 电网规划建设方面,包括各电压等级单位容量建设成本、容载比和规划实现率,即实际电网建设与规划方案的契合程度等。

③ 营销与客服,包括客户满意率和报装速度等。

④ 财务经营,包括线损率和单位可控供电成本等。

⑤ 人力资源,包括全员劳动生产率和薪酬占总成本的比重等。

　　监管机构通过对比不同输配电企业的上述关键绩效指标,激励各输配电企业努力提高绩效,也可以在一定程度上达到竞争的效果。

　　截至 2013 年 8 月,我国输配电行业尚未重组为若干规模相近、经营条件相当的企业。虽然国家电网和南方电网内部开展了同业对标,也是对不同的下级企业开展的关键绩效指标的对比,没有开展不同电网企业之间的对比,与模拟竞争还是有根本的区别。

4.4　输配电成本监管

　　本节从输配电直接成本和间接成本均衡问题入手,分析电网规划、投资,以及交叉补贴等一系列围绕成本展开的监管问题。

4.4.1　直接成本和间接成本均衡的问题

　　输电的成本可以分为直接成本和间接成本。直接成本是电网在输电过程中直接产生的固定成本和网损成本等。间接成本是由于输电容量不足,导致网络阻塞等间接产生的成本[114]。下面以一个简单的例子来说明输配电间接成本。

　　A 是电源中心,一次能源(煤炭或水力)丰富,B 是负荷中心,是重要都市,发电资源少。如果 A 和 B 之间传输容量不够,A 廉价的电力不能传输到 B,为满足 B 的负荷,不得不使用 B 处比较昂贵的发电资源发电,由此产生了效率损失,增加了社会成本。这是由输电网引起的间接成本,间接成本还包括由停电造成的社会损失等。

　　电网建设的聚集性使电网必须适度超前建设,但超前建设的电网一般都会带来潜在风险,输配电企业可能为了规避这些风险而损害公共利益。在理想状况下,电网容量越充足越好,但建设和运营本身需要巨大的付出。在合理情况下,应在直接成本和间接成本之间均衡,使社会承担的总成本最小,为了实现这个目标,必须允许一定程度的输电阻塞的存在。

　　下面以电网适度超前建设为例,说明直接成本和间接成本均衡的数学模型。为了简化分析,某个建设项目只有成功和不成功两种可能。

超前建设是确实需要的,则认为建设成功;超前建设是不需要的,则认为建设不成功。用变量 i 表示是否需要,即

$$i=\begin{cases}0, & \text{需要}\\1, & \text{不需要}\end{cases} \tag{4-1}$$

用 $f(i)$ 表示成功的概率,用 j 表示是否建设,0 表示不建设,1 表示建设。电网公司的利益可以表示为

$$e=j[uf(1)-c] \tag{4-2}$$

其中,e 为电网公司利益;u 为项目成功时电网公司获利;c 为建设成本。

公共利益可以表示为

$$E=j[Uf(1)-c]-(1-j)Cf(1) \tag{4-3}$$

其中,U 为该项目确实需要(建设成功)时,建设该项目获得的公共利益;C 为需要该项目,但是没有建设时的效率损失;$U>u$ 总是成立的。

从以上两式可以得出如下结论:

① 当电网公司选择不建设时($j=0$),下式总成立,即

$$e \geqslant E \tag{4-4}$$

电网公司选择不建设时,它的利益为 0,但是公共利益可能为负(在需要建的情况下),不满足激励相容。因为在社会需要的情况下,电网公司选择了"不建"来最大化其自身利益。要解决这个问题,就只能由政府或者监管机构制定相关政策,将超前建设的风险社会化(由政府承担或者分摊给电力用户)。

② 电网公司和社会所要求建设的概率临界值不一样。

当确实需要这个项目的概率满足式(4-5)时,电网公司才有积极性建设,即

$$f(1) \geqslant \frac{c}{u} \tag{4-5}$$

而社会期望的情况是 $f(1)$ 满足式(4-6)时,即

$$f(1) \geqslant \frac{c}{U} \tag{4-6}$$

由于 $U>u$,所以会出现公共利益需要而电网公司不愿意建设的情况。这也需要合理的设计机制,确保公共利益和电网公司利益的均衡。

输电直接成本可以通过财务数据报表获得，在严格监管下，能获得相对准确的数据，并通过输电价格直接转移给用户。间接成本计量困难，没有明确的账目数字可以核对，需要通过专业、深入的调查才可以估计，间接由用户承担。因此，对于受到严格监管的垄断经营的电网公司而言，可能有一种趋势，愿意采取一定的措施降低直接成本，但对间接成本控制不力。目前，一些国家和地区存在如下现象，即输配电企业在电网建设方面表现比较消极，待输配电容量有较大缺额、地方政府为促进经济发展而提供较大力度的支持后才建设电网。这是直接成本与间接成本均衡控制的典型问题。

直接成本和间接成本的均衡问题，在发展中国家的输配电监管中，具有重要的意义。因为发展中国家需要持续建设电网，在我国电力监管逐渐完善的过程中，这方面的问题应该引起人们的重视。解决该问题的主要方法是对电网规划进行严格的监管。从 1998 年原国家电力工业部撤销重组至 2013 年，我国电网规划一直由企业规划。2013 年，国家能源局将电网规划权限统一收回，电网规划改由政府负责。这项改革实施后，应特别关注直接成本与间接成本的均衡问题。

4.4.2　电网规划、投资监管

上面对直接成本和间接成本的均衡问题进行了分析，提出解决该问题应在电网规划阶段进行严格的监管。除了在直接成本和间接成本的均衡监管中有重要意义外，电网规划和投资监管还在如下方面具有重要意义：

① 从普遍服务的角度，要保证电力用户获得平等的基本电力服务，就需要有基本的输配电网络设施基础，因此规划监管是促进电力普遍服务实施的重要环节。

② 防止输配电企业盲目扩大资产的趋向（A-J 效应）。

输配电监管还要防止另外一种倾向，即盲目扩大投资。A-J 效应是指被管制企业的回报率受到管制时，一旦被管制的回报率高于社会平均投资回报率，企业将具有盲目扩大投资的倾向[109,112,115]。因为管制的投资回报率高于社会平均回报率，而且投资被管制的行业，利润率是固定的,没有风险。A-J 效应和消极规划是相对的,是直接成本和间接成本均衡的两种不同倾向。

事实上,A-J 效应并不一定在管制投资回报率高于社会平均回报率时才会发生。我国电力工业的投资回报率长期低于社会平均投资回报率。我国输配电企业都是国有企业,中央政府作为出资人,并不以追求利润为目的,而是以服务社会为目的。但是,各地输配电企业管理人员可以从输配电网扩大投资中获得各种小集体利益,也可能导致输配电企业盲目扩大投资。

加大对电网规划投资的监管,包括 A-J 效应和消极规划的监管,主要手段是对电网规划和投资进行后验评估,或者在电网建设中引入市场竞争。电网规划评估的关键内容是电网主要设备的利用率,如容载比和设备负载率。容载比是宏观指标,用来衡量一个区域内某个电压等级设备的整体负载情况。若规划建设合理,则各电压等级设备的容载比,将一直保持在较为合理的范围;若规划建设不合理,则容载比将发生较大变化并偏离合理范围。负载率是微观指标,用来衡量一个具体设备的负载情况。规划后验评估,应对宏观和微观指标均进行后验评估。

以对设备负载率进行评估为例,有两个方面的工作。一方面,考虑到电网是一个整体,某个设备投入后,会引起其他设备的负载情况变化,可采用投资前与投资后,主要设备的负载率对比分析来分析投资的合理性,如图 4.1 所示。

在图 4.1 中,列出了各主要设备的负载率变化。投资方案 2 明显优于投资方案 1。因为投资方案 2 优先降低了利用率高的设备负载率,使系统的备用容量分布更加均衡。在投资方案 1 中,设备利用率本身比较低的设备 2 的负载率进一步下降,这是盲目扩大投资的表现;设备 9 和设备 10 的利用率已经很高,然而负载率并没有降低,这是消极规划措施的具体表现。

另外,新建设备在投产后若干年的负载情况也是评估规划合理性的重要指标。

以上分析是从监管的角度,对电网规划后验评估提出具体的指标

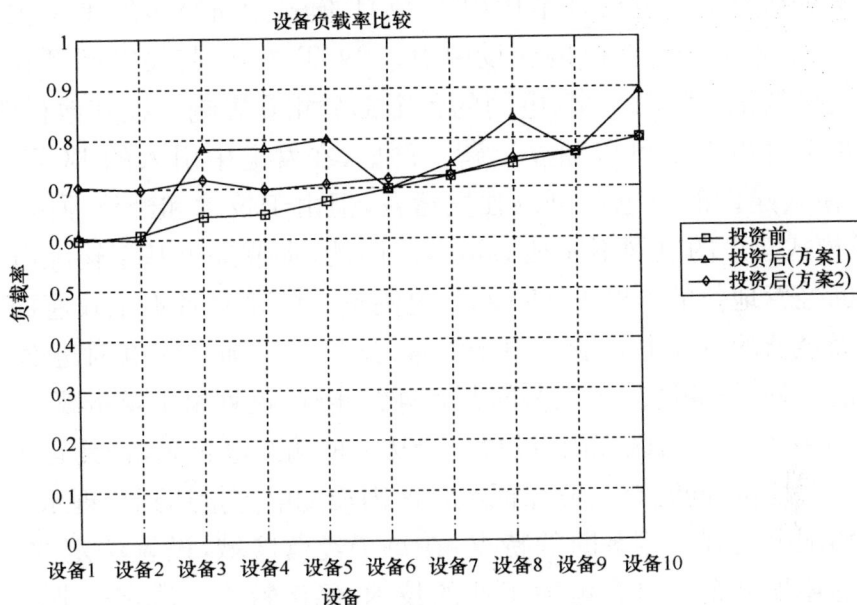

图 4.1　容载比对比评估方法示意图

和评估方法。上述指标数据获取容易、计算简单、指标的含义直观。除了后验评估监管外，下节提出的电网建设 BOT 模式也是解决上述问题的可选方案。

4.4.3　电网投资的 BOT 模式

　　电网建设的固定成本、变动成本和电网投资密切相关，对建设阶段的监管最能提高电网经营的效率。因此，如何在电网建设中引入市场竞争是世界各国电力监管机构广泛关注的重点、难点问题。本节提出了符合激励相容原则的电网建设的 BOT 方法，并简单阐释其流程。

　　BOT(build-operation-transfer)是建设-运营-转移的缩写，是世界各国在公用事业建设中广泛采用的方式之一。最初我国也是在电力工业中采用它，但仅限于发电环节。基本方式是政府授权，投资者建设，允许投资者运营规定的时间，在运营期限内，投资者可以获得一定利润，期满后将资产所有权移交给政府[116]。这种方式有效解决了政府资金和公共设施建设资金需求之间的矛盾。

　　在已有的研究中，对 BOT 模式的风险控制、实施方法等进行了相当充分的研究。在发电环节中引入 BOT 模式的研究也取得了很好的成果[117]。本节研究在电网建设中引入 BOT 机制,其关键问题在于电力系统需要维持瞬时平衡,电网的各个部分相互影响。在其他行业中,每个部分基本上都可以独立运营。例如,在发电中引入的 BOT,采用 BOT 模式建设的发电厂可以独立运营,但由于技术和经济原因,采用 BOT 模式建设的电网不能独立运营。因此,本节提出基于输配电企业的垄断经营地位的电网 BOT 模式,电网资产的接收者不是政府而是法定垄断经营的输配电企业。限于篇幅,这里不详细介绍电网建设 BOT 模式的过程、需要解决的细节问题和详细步骤,仅列出主要步骤。

① 在每个经营区域内,设置一个法定的输配电企业,它具有法定的垄断经营地位,同时有义务保证经营区内输配电容量达到合理水平。

输配电具有自然垄断的特点,在每个经营区域,设置法定的、垄断经营的输配电企业符合电力工业的技术、经济特点。法定企业垄断电网运营,但不垄断电网建设。

② 在监管机构的监管下制定规划方案后,对达到一定规模的电网建设项目(主要是输配电线路和变电设施),由第三方独立招投标机构组织招标,规定电网建设的标准和若干重要参数,如电压等级、线路材质要求、容量要求、继电保护方案等,规定投资者运行和获益年限 N(如 20 年),向社会公开招标。

③ 应标的投资者提出自己的技术方案,并提出在运行和获益年限内,每年要求获得的固定回报 R(允许随通货膨胀率调整)。法定垄断经营的输配电企业也可以参与竞标。

④ 招标机构评标后,由中标企业实施建设,并在 N 年内持有该设施的所有权。法定垄断经营的输配电企业每年按照中标值 R 并根据通货膨胀率调整后的值,付给投资者投资回报。法定企业将支付给投资者的回报计入年度输配电总成本。

⑤ 如果流标,则法定垄断经营的输配电企业有义务建设,其建设成本同其他成本一样接受监管机构的管制。

⑥ 社会投资者中标的输配电实施,在达到运营年限 N 后,无偿将所有权移交给法定垄断经营的输配电企业。

上述 BOT 建设模式,具有如下优点:

① 结合电力工业的特点,维持了电网的垄断经营。

② 在电网经营维持垄断的同时,在电网建设中引入竞争,有效提高了电网投资和建设的效率。

③ 解决了直接成本和间接成本的均衡问题,因为当法定企业不愿意投资时,可以由社会其他投资主体投资,防止了消极规划与建设,同样也解决了 A-J 效应的问题。

④ BOT 模式的投资回报机制适合电力工业。有些国家和地区采用输电权机制,投资者通过出售输电权来获得投资回报,这种机制具有很大的不确定性,投资积极性容易受到打击[118]。同时,因为电网成本具有全局化的特点,每个电网建设项目在原有项目的基础上相互影响,这种相互影响十分复杂,很难确定某个工程的实施,在哪些断面具体增加多大传输容量,增加多少输电权,有可能导致不公平。这里提出的BOT 模式,采用固定回报机制,解决了投资回报的问题。

同时,上述机制也对输配电企业形成了合理的监管压力。在我国现有输配电体制下,电网建设成本无法进行横向对比[119]。引入 BOT机制后,监管机构可以将其他投资者建设电网的成本与输配电企业建设的成本进行比较,激励输配电企业降低成本。

4.4.4 交叉补贴问题

交叉补贴监管是垄断行业成本监管的一个重要内容。交叉补贴是指在一个企业或者企业集团的不同业务之间或者不同客户之间,转移成本和利润[120]。

自然垄断经营的企业往往也经营产业链的其他业务。自然垄断业务的成本和利润受到监管机构的管制,利润是有保障的。竞争性业务不受管制,成本和利润由市场决定,但利润没有保障。垄断业务和竞争业务之间的交叉补贴,最常见的可能是竞争性业务依托垄断业务的强势地位,通过不正当竞争获利,或者将垄断业务的利润向竞争业务转移,损害公共利益。

交叉补贴并不一定是不合理的,电力普遍服务中就包含交叉补贴。

例如,电力普遍服务要求各个电力用户用平等的、可承受的价格,获得基本的电力服务。不同用户获得基本服务的成本不同,但是普遍服务要求电力企业平等地收取价格。实现电力普遍服务,必然要求有交叉补贴[121],主要是不同用户之间的补贴。同时,用户目录电价向居民用电、农村用电、农业用电倾斜,就是典型的交叉补贴,是对不同用户之间的补贴。

因此,应该区分交叉补贴是否合理,禁止不合理的交叉补贴。判断交叉补贴是否合理,可以从如下方面分析:

(1) 目的

不合理的交叉补贴有两种,一是转移企业利润和成本,逃避监管,使整个企业或者企业集团获得更高的利润;二是排挤竞争对手。一个经营多种业务的企业,如果有其他企业进入其经营的一项业务,就可能通过将其他业务的利润转移到该业务,从而排挤其他企业。

电力普遍服务和目录电价形成的客户间交叉补贴的目的,是社会的宏观调控,并不是企业为了控制市场,也不是企业为了转移利润和转嫁成本。因此,这种交叉补贴在一定的程度范围内是合理的。

(2) 结果或者可能导致的结果

如果最终没有造成资源低效率使用,或者造成排挤其他投资者的客观事实,也不会在将来造成这种情况,可以认为这样的交叉补贴是合理的。

解决不合理交叉补贴的基本手段是信息公开,并对成本、利润做详细归类,细化成本归集、垄断经营业务的财务独立。在当前我国电力体制改革阶段,防止不合理的交叉补贴,关键是主辅分开,实现主营业务的独立。

截至 2013 年,我国还存在比较严重的主辅不分现象。主业是垄断经营的、受到管制的输配电业务。辅业包括输配电的上下游产业,如勘察、设计、设备制造、专业咨询和一些非专业的产业,如宾馆等。主辅不分,主业可以向辅业转移利润,如主业以超过市场合理价格从辅业购买产品或服务,从而造成主业利润率低或者亏损,再以政策性亏损为由申请涨价;也可能在上下游产业中造成垄断,如电力设备制造。发电也可以被认为是输配电的上游产业,我国于 2002 年实施的厂网分开改革,主要目的是将具有自然垄断特征的输配电与可引入竞争的发电环节分开,避免发电环节存在的不正当竞争。若自然垄断的输配电与电力设备制造业具有产权关系,将不可避免地扭曲电力设备市场。

4.4.5 基于绩效的管制与成本-回报率管制

基于绩效的管制(performance-based-regulation,PBR)是一类管制方法的总称[130],不是一个固定的运作方式,其核心理念是激励被管制企业提高效率。PBR 是国内外垄断行业监管的一个热点问题。国内外在基于 PBR 的输配电成本管制方面开展了一系列的研究。文献[130]对在配电监管中应用 PBR 进行了比较全面的总结。

输配电成本监管包含的内容非常丰富,基于绩效的管制机制是其中的一种方法。如何结合我国输配电企业的经营环境,基于激励相容的机制设计理论,评估输配电企业在成本方面可能采取的损害公共利益的行为,分析输配电企业采取这些措施的利益动机,通过修正监管机制和激励机制,从根本上防止、遏制输配电企业采取这些措施,是实现输配电成本监管目标的根本手段。

与 PBR 相对的是成本/回报率管制(cost-of-service/return-of-rate,COS/ROR)。成本/回报率管制的基本思想是监管企业的成本,并允许其按照固定的回报率获得利润。PBR 有两种主要类型,分别是价格上限和利润上限管制[131]。

在输配电监管中宜采用价格上限类型的 PBR,主要原因如下:

① 输配电监管中存在明显的信息不对称,难以准确掌握企业的成本,所以电力企业利润难以计量。采用价格上限制,价格是明确的、可度量的,因此采用价格上限制,监管目标明确,有利于保护公共利益。

② 利润上限制的激励力度小于价格上限制。PBR 的实质是激励相容的管制机制。保证个体利益和公共利益的一致性,激励被管制企业提高效率、降低成本与提高服务质量。基本方法是被管制企业提高效率(降低成本)所增加的利润,由被管制企业和社会公众分享,实现个体利益和公众利益的一致。企业为了提高利益,就必须提高效率;提高

了效率,就能获得一定比率的利益,同时另一部分由公众分享,增加公共效率。这是典型的满足激励相容的案例。与 COS/ROR 机制相比,后者没有实现激励相容。因为企业提高效率,所有的利益均由公众享有,企业因此缺乏提高效率的积极性,反而不利于保护公共利益。

下面对利润上限制和价格上限制的激励力度进行对比,在这项对比中可以看出价格上限制的激励力度高于利润上限制。

价格上限管制为

$$P_1 = P_0(1 + I - x) \tag{4-7}$$

其中,P_0 是初始的管制价格上限;I 为通货膨胀率;x 为效率因子。

在输配电监管中,价格可取综合输配电价格。

利润上限管制为

$$R \leqslant R_0 \tag{4-8}$$

其中,R 为被管制企业的利润;R_0 为监管机构设定的利润上限。

假设企业当前的单位成本为 c_0,当前价格为 P_0,企业努力的程度用 h 表示,新的成本就会成为努力程度的函数,即

$$c = c(h) \tag{4-9}$$

我们要检验价格上限制和利润上限制是否满足激励相容,用激励相容的新准则判断,企业的利益和公共利益是否保持一致。体现在成本上,当成本降低时,企业的利益提高,公共利益同步提高。

对于成本/回报率管制,在任何时间段内,企业的利益可以表示为

$$B_c = rE \tag{4-10}$$

其中,E 为生量总量;B_c 为成本/回报率管制下企业的利益,与成本无关,所以企业没有积极性降低成本。

对于价格上限制,在一个管制期内,企业的利益可以表示为

$$B_p = \sum_{i=0}^{T-1} (P_i - c_i) E_i \tag{4-11}$$

其中,B_p 为价格上限制管制下企业在一个管制周期内的利益。

可以看到,企业的利益与其成本呈线性关系,成本越低,利益越高。

在价格上限制中,公共利益可以近似表示为

$$B_a = x P_0 \sum_{i=0}^{T-1} E_i \tag{4-12}$$

可以看到,社会与企业共享了效率提高带来的效益。具体分享的比率由效率因子 x 和企业努力的程度决定。因此,价格上限制与回报率管制相比,价格上限制实现了激励相容。

在利润上限制下,企业的利益可以表示为

$$B_r = \begin{cases} (P-c)E, & (P-c)/c \leqslant r \\ rE, & (P-c)/c > r \end{cases} \tag{4-13}$$

当利润率还没有达到 r 时,企业提高效率获得的利润由企业所有;当利润率超过 r 时,企业利润与成本无关,所以激励力度较低。对比式(4-13)和式(4-14)可知,利润上限制的激励力度低于价格上限制。

另外,在输配电行业中采用 PBR 需要更加关注直接成本和间接成本均衡的问题。输配电沉淀成本大,固定成本占总成本的比率高,电力企业可以通过缩减投资轻易地在财务上暂时提高利润,导致一定的输配电建设滞后。

4.4.6　输配电成本监管实施方法

实现高效的输配电成本监管,应实现主辅分离,防止不合理的交叉补贴。在产权上实现彻底分离,或者在账务上,实施严格的监管,确保在财务上主营业务(输电业务)和辅助业务(设计、修造、电力设备制造等)的分离。如果主业和辅业没有产权上的分离,但财务独立核算时,主业和辅业的共同成本应按照合理的比率在主业和辅业之间分摊。防止主业过多分摊共同成本,造成实质上的主业补贴辅业现象。

在主辅分开的基础上,应在规划、投资环节采用合理的监管机制,并逐步在电网建设中引入市场竞争机制和规划后评估,科学合理解决直接成本和间接成本的均衡问题,包括消极规划和 A-J 效应。

对于法定垄断经营的输配电企业,在同一个区域内,两家或者多家电网公司共同经营,开展争夺客户的市场竞争是不现实的。每个输配电企业都在各自划定的经营区域内垄断经营。监管机构对输配电企业之间运营状况进行评估,形成评估指标体系并在输配电企业之间相互比较这些监管指标,形成模拟竞争的局面[122~123],即输配电企业运营在指标方面展开竞争,形成指标竞争,这是市场竞争的另一种形式。其中监管机构制定的指标体系体现监管机构的监管目标。

对垄断行业的成本管制需要对垄断行业的成本结构有比较深入的了解,对每个成本项分别监管,控制各成本项,才能有效遏制其成本。防止垄断在总成本中加入不应该加入的成本项,同时防止垄断企业使每个成本项不合理加大。

由于输配电经营的事项比较特殊,总成本不能与社会上其他企事业单位成本直接对比。但是如果将成本项分解,很多单项成本可以单独分析其合理性。例如,输电走廊建设,单独对每公里的平均造价进行监管,不一定能取得良好的效果,如果对每项具体的成本进行分析,包括人员工资、施工设备、原材料、征地费等,就与其他行业具有可比性。任何一个特殊的行业,绝大部分成本是由一些普通的业务项目组合在一起的,只是不同的行业组合了不同的业务项目。监管成本结构对具体的每项成本进行监管,可使输配电成本被夸大的程度和概率大大降低。

4.5　电网公平开放问题

电网公平开放问题,自引入发电多元化投资以来就是一个热点问题,是市场环境下输配电监管的重大课题。在国内外,监管机构向电网经营企业提出的经营规范往往要求输电企业无歧视开放(open access without discrimination)电网,但具体含义却没有说明,监管方法也很少被论述。

美国输配电监管较多地强调电网公平开放,在美国的电力体制改革中,很多州并没有实施厂网分开的改革,仍然在一定程度上维持垂直一体化运营。因此,在这些州,强调电网无歧视开放的主要内容就是不同产权关系的发电厂,能获得在产权关系不同的电网中销售电力的权力;或者在不同地区垂直垄断经营的电力企业,能相互开放电网,开展合理的电力/电量交换,实现优化资源配置。我国的情况与美国的情况存在较大的差别。

本节将对电网公平开放的含义进行简单的分析,并提出具体的评估方法。

4.5.1 电网公平开放的含义

电网公平开放的含义包括三个方面：

（1）对用户的公平开放

用户获得平等使用输配电资源的机会是电力普遍服务的问题，将在下一节中分析。

（2）对发电厂的公平开放

对于发电厂，电网公平开放包括获得平等接入电网、参与市场竞争、公平的输电价格等。

（3）互联电网之间的公平开放

不同电网在互联后，相互向对方开放输电资源，包括允许符合条件的对方网内的发电厂参与竞争。

4.5.2 电网公平开放的监管内容与方法

电网公平开放的内容可以分为两个层次。

① 公正层次，含义是输配电企业和输电资源用户之间地位的对等。输配电企业不能利用其优势地位，使发电厂或电力用户在与电网公司签订的合同中处于不平等的地位。例如，不得限定发电厂或者用户购买指定的产品。

② 公平层次，含义是发电厂和用户等输电用户相互之间的平等，即任何一个发电厂不能受到不同的对待。

公正是更高层次的公平。例如，电网企业利用其优势地位，可能损害每一家发电企业的利益，但发电企业之间并没有不同。这是属于公正层次的问题。

相应的监管指标也应该针对以上两个层次分别研究，重点是公正层次。因为这是整体性的、全面的。公平性层次主要采用个案分析。

电网公平开放的具体工作可从如下两个方面考虑：

① 接入电网方面。输电资源的用户只有获得平等接入电网的机会，才具备平等使用电网资源的物质基础。接入电网包括接入程序、技术标准和价格。输电资源的各类用户应按照统一、公平、合理的标准接

入电网。

②　在接入电网后,无论参加调度交易中心组织的集中交易还是发电厂和用户之间的双边交易,都应该获得平等使用电网资源的机会,具体体现在输配电价和交易、调度优先顺序等。我国输配电价是由政府价格主管部门制定的。

在电网公平开放监管中,最主要的监管方式是被动监管,即监管机构在收到市场成员的投诉后进行调查和处理。

4.6　电力调度交易监管

调度和交易是电力运营的中枢。调度交易监管是保证电力工业公平、公正、公开的基础。电力体制改革使电力调度交易面临很多新问题,也使调度交易监管面临很多特殊的问题[124,125]。

国外调度交易监管与其机构设置模式密切相关。部分国家和地区的调度交易中心是独立的非营利机构,该机构本身承担一定的监管任务,或者该机构本身就是监管机构。对于这种模式,一些文献探讨了如何制约监管者,但基本没有考虑调度交易的监管问题。国内有一些探索,如文献[126]提出了在实时调度中"三公"调度的一种判断方法。

我国调度机构和交易机构是统一设置的,而且调度、交易之间的关系十分密切,相互之间存在大量的信息交互与职能重叠,因此可将调度交易作为整体研究。调度交易中心是输配电企业的组成部门,对调度交易中心的监管是对输配电企业监管的一部分。

调度交易监管的难点是信息不对称。电力系统必须坚持统一调度,以维持瞬时平衡[127],调度交易中心是维持电力系统实时平衡的指挥机构,对电力系统的安全和经济性具有重大影响[128]。在电力系统的运行过程中会产生大量的信息,如节点负荷信息、线路潮流信息和技术参数、机组运行信息和技术参数等。信息的严重不对称加大了调度交易监管的难度。

调度交易监管应根据调度交易的特点和调度交易中心拥有的职权、所处的地位、调度交易中心的利益关系等,有针对性地进行评估并采取监管措施。

4.6.1　调度交易监管的主要问题及其分类

调度交易的各项业务都直接或者间接影响电网资源的使用,"三公"调度问题与电网公平开放问题在有些方面是相通的。

电力调度交易的监管以后验评估为主,对调度交易中心进行的各项操作,尤其是对市场价格或者安全性具有重大影响的操作合理性进行验证。重点是对交易结果的最优性、公平性进行验证。调度交易中心主要的不合理手段可分为如下几种[54]:

① 通过制定不合理的检修计划影响输电资源的供应,从而影响调度交易的公平性。检修时,一些输电走廊的可用传输容量将降低。

② 通过制定不合理的安全约束条件,或者通过规定输电走廊不合理的传输容量极限,从而影响输电资源的供给。

电网是一个复杂的整体,电网的安全稳定计算有很多种模型和手段,缺乏统一的标准。有些情况下,调度交易中心制定的安全约束过于保守,限制了电网资源的有效利用。

③ 在制定调度交易计划时,采用不合理的约束条件、边界参数、计算方法与方案,可能导致优化程度不够或者偏离优化方向。

④ 在调度中,尤其是实时市场和辅助服务市场中,利用信息不对称的条件,滥用自由裁量的权利,执行不合理的调度方案。

⑤ 采用不合理的输电定价方案、计量方式,或者部分输配电成本不合理分摊,如网损分摊。

上述问题可以分为两个基本环节:

① 制定交易计划的边界条件方面,包括调度交易中心在制定交易计划时所依据的各项参数和限制,体现为调度交易中心在制定调度交易计划时的约束条件。这包括上述问题中的前三个问题。对这方面问题的监管是调度交易监管的重点和难点。

② 调度交易计划的执行方面,包括上述后两个问题。这方面问题的监管,可以通过比较充分的信息披露,采用被动监管方式一般能取得比较好的效果。

　　调度交易中心周而复始地组织大量市场交易,监管机构不可能也没必要介入每次市场交易的详细监管,调度交易监管应以长期评估为主,抽查部分调度交易方案,或者在市场成员投诉或质疑时评估具体的某次交易方案。本节先对调度交易模型做了简单分析,然后深入分析判断调度交易方案公平性的准则和指标,最后形成综合评估调度交易方案准确性的长期评估指标来提高调度交易监管的效率和准确性。

4.6.2　调度交易监管的基本思路

　　制定调度交易方案需要求解一个非线性优化问题,其目标函数是购电成本最低。

　　约束条件主要包括:

　　① 发电机组类约束条件,如机组在各种出力状态下的爬坡速率;机组最小出力、最大出力;机组从停机状态到启动需要持续的时间、机组停机需要的时间;机组最小持续开机、停机时间;机组各种出力状态下的功率因数范围等。

　　② 节点类约束条件,如节点电压范围;节点最大有功、无功调整范围等。

　　③ 线路类约束条件,如线路最大电流、最大传输容量;断面最大传输容量等。

　　④ 网络规律类约束条件,如基尔霍夫电压定律、基尔霍夫电流定律、系统有功平衡等。

　　在调度交易计算中,还有大量的其他约束条件,如系统调频容量、机组电量约束等。不同的调度交易中心采用的数学模型存在一些差别,约束条件的表达方式也有所不同。

　　调度交易需要考虑大量复杂、非线性的,部分是非连续的约束条件,这使监管调度交易计划的复杂程度非常高。为了监管调度交易计划,监管机构重算一次调度交易优化问题的意义不大。监管机构利用调度交易中心的优化算法,对调度交易的问题重新计算将非常复杂。更关键的是,调度交易中心在制定调度交易计划时采用的约束条件、边界值等参数,已经基本确定了最终可能形成的优化结果。采用不同的计算方法,只是在优化程度上有略微差别,也可能在计算时间上有一些差距,不能准确判断调度交易结果是否公正,所以对判断调度交易方案是否合理的帮助不大。综合以上分析,调度交易监管的基本方法应从调度交易方案计算的约束条件入手,对约束条件的合理性、边界值等展开分析。同时,统计调度交易方案的相关指标,从整体上把握调度交易方案的合理性。若市场成员对某次交易方案提出质疑,则采用约束条件分析法,对交易方案的合理性进行评估。

对调度交易方案的监管,可从如下几个方面考虑。

(1) 分析各约束条件是否应该采用

约束条件会影响市场价格和发电厂的中标电量。调度交易监管应首先评估调度交易中心在调度交易模型中采用的各个约束条件是否是必须的。

(2) 分析各约束条件的上限值和下限值是否合理

这里主要考虑节点和电网传输类的约束条件。

监管机构可以通过其他辅助分析手段,分析调度交易中心在计算中采用的节点和网络的约束条件上限值和下限值是否合理,如输电走廊传输容量上限值。除非网络结构发生变化,这些边界值一般是保持相对稳定的。需要判断的主要约束条件包括系统备用容量上下限、系统调频容量上下限、节点电压上下限、输电线路和输电断面传输容量上限等。

(3) 分析各约束条件对市场价格和发电厂中标电量的影响

价格是调度交易方案中最核心的指标。任何操纵市场或者操纵调度交易的方案,最终都将体现在价格的变化上。发电厂在市场中是否受到歧视或者倾斜体现在中标电量的偏差上。

上述三个方面,第一个方面和第二个方面是基础,一旦确定后,如不发生变化,监管机构一般不需要每次都分析。第三个方面是调度交易监管的日常工作。下面的分析以第三个方面为主,在短期内对某次调度交易方案进行分析,或者在中长期对调度交易方案的公平性进行分析。第一个方面和第二个方面的监管手段主要是信息披露,将在下一章进行分析。

4.6.3　基于机组偏差电量的调度交易方案评估

我们基于机组偏差电量评估各机组在调度交易中是否受到歧视或者倾斜。

在计算调度交易方案时,可以先不考虑任何约束条件,形成无约束交易计划,然后逐步考虑增加约束条件,每增加一个约束条件,使目标函数上升的幅度最小(最小化问题),或者使市场价格偏离出清价格MCP的程度最小。基于这种思路,提出调度交易方案合理性判断准则。

准则 1(短期公平准则)　价格低于 MCP 的机组,出力达到其最大出力或者出力点所对应的报价等于 MCP,则调度交易方案没有歧视该机组。

准则 1 的描述如图 4.2 所示。

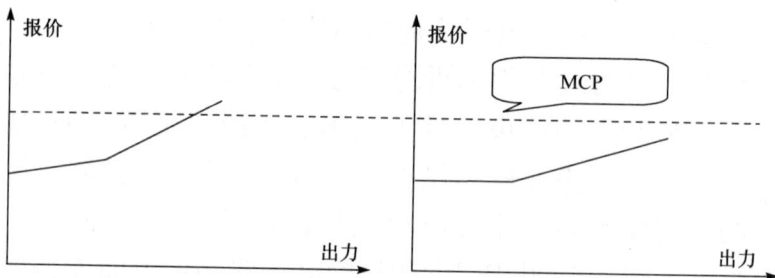

图 4.2　判断准则 1 示意图

MCP 是指市场出清价格,是在制定调度交易方案时,不考虑机组爬坡出力约束、机组持续开停机时间约束和网络传输约束,根据系统供需情况形成的市场均衡价格。

在图 4.2 中,最高报价低于 MCP 或者中标出力点对应的价格为市场出清价格,则说明该机组在该调度交易方案中没有受到歧视。因为其出力计划与无约束计划相同,表明调度交易中心没有通过操纵约束条件或者约束条件的边界值来影响该机组的发电计划。

准则 1 用来衡量一个时段的调度交易方案。如果满足准则 1,表明机组在该时段的出力计划是公平的,因此该准则又可称为短期公平准则。

准则 2（短期相对公平准则） 报价低于所在节点的边际电价（LMP），出力达到其最大出力，或者出力点对应的报价等于 LMP，则说明该机组在调度交易方案中没有受到歧视。

考虑网络和节点约束条件，因为部分输电线路和断面可能阻塞，一部分电价低于市场出清价格的机组不能获得发电的机会，这时各个节点的 LMP 可能不同。

准则 2 与准则 1 的物理含义接近。准则 2 考虑节点约束和网络约束，成立的前提是调度交易中心计算的各个节点的 LMP 是合理的。

满足准则 2，表明在考虑网络约束的情况下，在某个交易时段，机组中标情况合理，而考虑网络约束后，本身是一种相对公平性判断。因此，准则 2 又可称为短期相对公平性准则。准则 2 是建立在调度交易中心规定的网络约束条件边界值合理的基础上。

定义 1 机组根据 LMP 统计的电量偏差（output gap based LMP，GAP）率。

GAP 的含义是由于需要考虑机组的技术约束，一些机组在报价低于 LMP 时，出力没有达到其最大出力，或者出力所对应的报价点不等于 LMP 等情况，如图 4.3 所示。

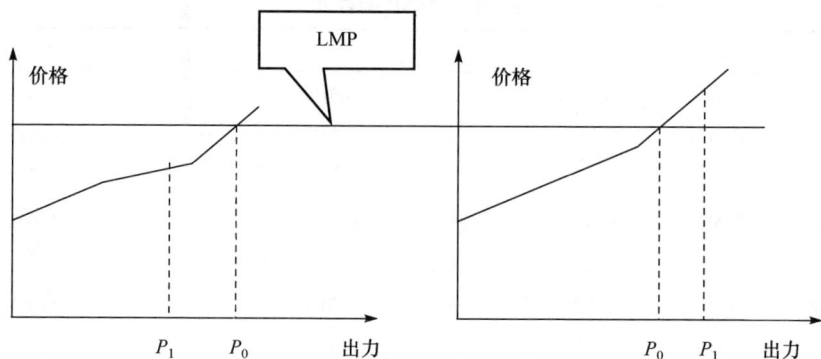

图 4.3 GAP 含义示意图

在图 4.3 中，P_0 为机组在 LMP 下应中标出力，P_1 为机组实际中标出力。GAP 定义为

$$GAP = P_1 - P_0 \qquad (4\text{-}14)$$

第一种情况是 GAP 小于 0（负偏差）；第二种情况是 GAP 大于 0

（正偏差），即获得了超出 LMP 所对应的出力。在 GAP 的基础上，电量偏差率定义为偏差电量除以应发电量。

在 LMP 中，已经考虑了节点和网络约束，因此造成 $\mathrm{GAP}_i(t) \neq 0$ 的原因是机组的技术约束，导致不能完全按照报价情况安排出力。

注意到在任何一个时段，所有机组的出力偏差之和为 0，即

$$\sum_{i=1}^{n} \mathrm{GAP}_i(t) = \sum_{i=1}^{n} \left[P_{1,i}(t) - P_{0,i}(t) \right] = \sum_{i=1}^{n} P_{1,i}(t) - \sum_{i=0}^{n} P_{0,i}(t)$$

由于

$$\sum_{i=1}^{n} P_{1,i}(t) = \sum_{i=0}^{n} P_{0,i}(t) \tag{4-15}$$

所以

$$\sum_{i=1}^{n} \mathrm{GAP}_i(t) = 0$$

其中，n 为机组数，其他含义同上。

由于 GAP 反映了机组受到约束的影响，GAP 为正表明由于约束条件的存在，导致机组受益；GAP 为负表明机组利益受损。任何一个时段，所有机组的 GAP 平均值为 0，如表 4.1 所示。

表 4.1　GAP 统计表

机组	t_1	t_2	$\cdots$	t_i	$\cdots$	合计
机组 1	GAP_{11}	GAP_{12}	$\cdots$	GAP_{1i}	$\cdots$	$\overline{\mathrm{GAP}_1}$
机组 2	GAP_{21}	GAP_{21}	$\cdots$	GAP_{2i}	$\cdots$	$\overline{\mathrm{GAP}_2}$
$\vdots$	$\vdots$	$\vdots$		$\vdots$		$\vdots$
机组 i	GAP_{i1}	GAP_{i2}	$\cdots$	GAP_{ii}	$\cdots$	$\overline{\mathrm{GAP}_i}$
$\vdots$	$\vdots$	$\vdots$		$\vdots$		$\vdots$
机组 n	GAP_{n1}	GAP_{n2}	$\cdots$	GAP_{ni}	$\cdots$	$\overline{\mathrm{GAP}_n}$
合计	0	0	0	0	0	0

在表 4.1 中，任何一列之和等于 0，而且 GAP 表明在这个时段中机组利益受到影响的情况，所以从公平的角度，监管机构有理由要求调度交易中心保证任何一行的平均值趋于 0。

同时，注意到机组的各项技术约束都有正反两个方向。例如，机组的爬坡速率约束，既有正方向爬坡的约束，也有负方向爬坡的约束；开

机过程对应停机过程等。这些正反方向的约束会导致不同时段 GAP 的正负情况不同。例如,在负荷快速上升的时段,某机组由于受到爬坡出力约束,出力上升速度受到限制,达不到 LMP 对应的出力,在该时段 GAP 为负;当负荷快速下降时,该机组同样由于爬坡出力约束,出力下降速度受到限制,GAP 为正。

因此,监管机构可对各个机组的偏差电量率进行统计分析,当机组的偏差电量率超过一定范围时,启动更进一步的监管程序。

4.6.4 基于购电费用偏差的调度交易方案评估

我们从机组出力偏差的角度,对机组是否受到歧视,从微观的角度对调度交易方案的合理性提出评估方法和评估指标。下面从宏观的角度,通过对总购电费用的偏差,分析调度交易方案的合理性。

调度交易方案中考虑的各个约束条件,一旦成为起作用约束,将使交易结果在一定程度上偏离无约束的交易计划,直接反映为购电费用的上涨。因此,可通过分析每种类型约束条件造成的购电费用(或平均上网电价)上涨的程度,对调度交易方案进行评估。

考虑网络约束导致的市场价格的畸变,可以用节点边际电价下系统购电费用和市场出清价格下系统购电费用的对比进行分析,即

$$\text{FNG} = \frac{\sum_{i=1}^{m}\text{LMP}_i \times E_i - \text{MCP} \times \sum_{i=1}^{m}E_i}{\text{MCP} \times \sum_{i=1}^{m}E_i} \tag{4-16}$$

其中,FNG 表示由网络约束导致的购电费用上升率;m 为节点数;LMP_i 为节点 i 的节点边际电价;E_i 为节点 i 的上网电量;MCP 为市场出清价格。

式(4-16)是按照边际电价结算的计算公式,与按照申报价格结算时类似。

FNG 越大,表明网络约束对购电费用的影响越大,调度交易中心通过网络约束影响调度交易方案的可能性就越大。

在 3.3 节中,基于 ILMI 的方法,我们提出分析线路传输容量对市场力的影响,作为评估线路建设或者扩建价值的评估方法之一。不同

线路的价值,也可以基于 FNG 来衡量。

定义 2 购电费用偏差率对于传输容量的敏感系数,即

$$LV_{ij} = \frac{\partial FNG}{\partial LC_{ij}} \tag{4-17}$$

其中,LV_{ij} 为购电费用偏差率对于从节点 i 到节点 j 线路容量的敏感系数;LC_{ij} 为从节点 i 到节点 j 的线路传输容量。

上述敏感系数越大,则该线路建设或者扩充容量对消除系统购电费用偏差效果越明显。

在网络约束分析基础上,进一步对机组约束进行分析,即将实际购电费用(平均电价)与按照 LMP 计算获得的购电费用对比。该对比可用来分析机组约束对系统购电费用的影响。

4.6.5 调度交易监管的约束条件分析方法

下面总结一些调度交易优化计算中常见的规律和各约束条件之间的相关性,有助于监管机构从复杂的调度交易结果中识别出可能存在问题的解决方案。

约束是否成为起作用约束存在一些规律,包括如下方面。

1. 等式约束是起作用约束

例如,系统有功平衡、节点有功平衡、电压定律等。从优化计算的角度分析,这些都是必然的。

2. 系统性约束规律

① 谷荷时段的正备用下限约束往往不是起作用约束,同理峰荷时段的负备用下限也往往不是起作用约束。但是,谷荷时段的负备用下限约束应该是起作用约束;峰荷时段的正备用约束也应该是起作用约束。

② 调频容量需求下限约束往往是起作用约束。

③ 在特殊的系统中,还存在一些特殊的规律。例如,受端系统在高峰负荷时段,节点电压下限往往成为起作用约束,输入该系统的相关线

路或者断面的传输容量上限往往成为起作用约束。

如果调度交易中心制定的调度交易方案不符合上述特征,表明调度交易方案存在优化程度不够或人为操控的可能。

机组最大、最小出力约束和网络传输等通过优化决策的约束条件不一定是起作用约束。对于机组,应该优先让低价的机组达到最大出力,即低价机组最大出力上限成为起作用约束,或者发电量达到上限。因为在制定调度交易方案的最小化问题中,该方向是目标函数下降的方向。

机组方面的约束与系统约束存在一定的关联。一些约束是否成为起作用约束,存在相互影响,利用这种关联关系,可以对调度交易方案的合理性进行分析。

对机组约束情况的分析,可以从如下几种情况入手:

① 机组出力点对应的价格等于边际电价。这些机组是边际机组,边际机组的存在是必然的。与它们相关的机组约束或者系统约束无论是否起作用都可能存在。

② 价格低于边际电价的机组,如果最大出力约束没有成为起作用约束,那么必然有机组的其他约束或者系统的相关约束成为起作用约束,包括如下几种情况。

如果机组的其他约束成为起作用约束,一般说明该机组的交易结果是合理的。例如,机组最大电量、机组爬坡速率约束、机组最短持续停机约束等。这说明机组在某时段价格低于边际电价,但是机组出力没有达到最大出力,原因是机组受到了自身技术方面的约束。

如果机组的其他约束没有成为起作用约束,某些系统约束必然成为起作用约束,最常见的是该发电厂所在节点向其他节点送电的输电走廊达到传输容量上限(输电阻塞)。其他情况包括系统正备用容量下限成为起作用约束、系统调频容量下限成为起作用约束等。若不满足该规律,则说明调度交易中心操纵了调度交易结果。

③ 报价高于边际电价的机组,如果机组处于停机状态,应保持停机状态;如果处于运行状态,一般应处于向停机状态转变,或者最小出力约束成为起作用约束,又或者爬坡(降低出力)最大速率成为起作用

约束。

　　上述判断流程如图 4.4 表示。

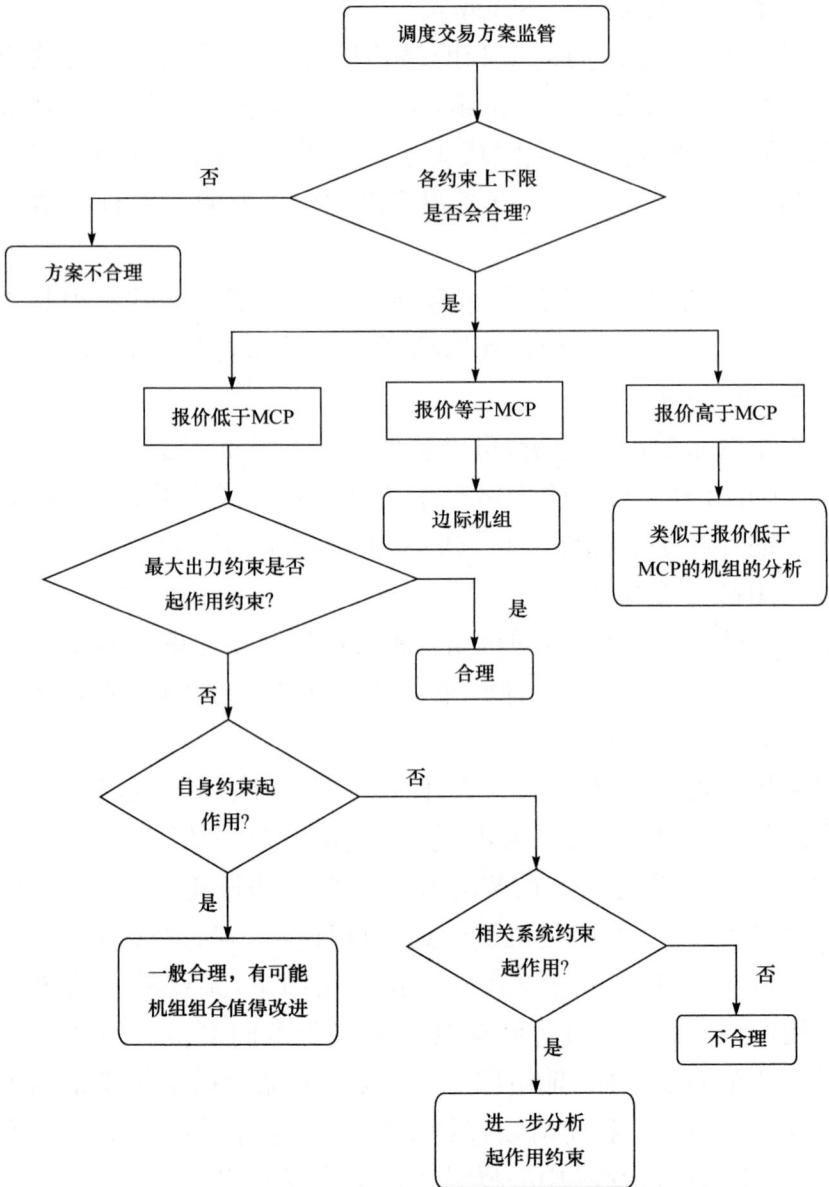

图 4.4　约束条件规律分析流程图

除了以上普遍性规律外，在不同的系统中还体现出一些特殊规律性的现象。例如,在受端系统中,节点电压下限成为起作用约束,往往意味着该节点甚至相邻机组出力达到最大限制,向该节点送电的线路最大传输能力成为起作用约束等。

4.6.6　调度交易方案的其他评估方法

下面结合制定调度交易方案的优化问题,从其他角度提出几种评估方法。

1. 最优性条件判断

采用 K-T 条件判断计算结果是否符合最优性条件。这是在上述约束条件分析方法的基础上进一步进行的判断。

2. 相关分析与对比分析

下面列举两个例子。

① 相关分析的含义可以通过举例说明,某日与前一日的日前市场相比,负荷基本保持不变,那么市场价格、购电费用等指标的变化应该不大。如果变化大,则说明交易计划可能存在缺陷,需要进一步分析系统负荷与市场价格的灵敏度,分析市场价格是否合理,定义市场平均价格与系统负荷的线性相关度。

除了分析价格相对系统负荷的灵敏度以外,还可以针对节点,分析节点价格关于其负荷的灵敏度。

② 对比分析是市场价格相对于某些机组(电厂)的出力和报价的灵敏度分析。尤其是边际机组和市场份额大的机组,其出力或者报价与市场价格可能具有明显的关联关系。

在执行监管交易计划的优化程序后,再监督交易计划的执行情况。主要方法是对比分析发电厂实际上网电量与交易计划的差别,评估调度机构是否按照交易计划组织调度。

3. 松弛分析

对调度交易结果影响程度越大的约束条件,越有可能被调度交易中心不合理操控。松弛分析方法适用于对影响机组成交情况的系统性约束条件进行分析。在运用松弛分析方法时,将问题线性化需要频繁求解线性规划问题。

进行松弛分析时,可采用如下两种方法:

(1)灵敏度分析

系统性约束条件的边界值微调,分析机组出力和边界值之间的灵敏度,即

$$S_{ij} = \frac{\partial L_j}{\partial P_i} \qquad (4\text{-}18)$$

如果上述灵敏度绝对值比较大,说明该边界值的变化可能导致机组出力范围较大幅度的变化,则监管机构有必要对该边界值的合理性进行分析,通过更多信息披露或者其他监管手段确保边界值合理。

(2)完全松弛分析

完全松弛分析是指松弛该约束,不考虑该约束条件,分析调度交易结果的变化情况。松弛分析能揭示调度交易中心最有可能操控哪些约束条件从而控制交易方案。

另外,在单一买主的发电侧电力市场的调度交易监管中,第2章提到的边际电价机制不符合激励相容的原则,以及调度交易中心有可能非正常减负荷的问题。在调度监管中,这些问题也需要引起重视,并加强监管,防止公共利益受到损害。

4.7 输配分开问题探讨

4.7.1 输配分开的含义

输配电分开是电力监管中的一个热点问题。所谓输配分开,就是将输电和配电环节从资产、财务和人事上进行分拆。伴随输配分开的往往还有开放零售、允许用户直接从发电企业购电等问题。

输配电两个环节归纳起来主要有三种组织形式:一是功能分离,即输配电业务在财务上实行分开核算,但其业务组织属于同一家公司;二是结构分离,即输配电业务由不同的两类企业负责,但这两类企业的产

权属于同一个控股公司;三是产权分离,即输配电业务各自独立,输电和配电企业的产权分属不同的主体。另外,一部分国家输配电没有分开,由一家企业统一经营。在这三种输配分开的模式中,产权分开最彻底,但对我国现行体制的冲击也最大;功能分开尽管对现行体制冲击小,但在培育购电市场主体等方面的作用较小,而且对监管能力有很高的要求。

在我国电力体制改革中,是否应该输配分开,不同的机构、研究人员从不同的角度对该问题提出了不同的看法,目前尚未有定论。不过,研究人员较多倾向于输配分开。

4.7.2　国内外输配体制情况

1.　国外输配体制改革

从20世纪90年代开始,全球掀起了一股电力改革热潮。随着电力改革步伐的加快,电力市场的竞争正变得越来越激烈,电力市场的开放程度也变得越来越全面。在电力改革初期,大多数国家都是先进行发电侧竞争,而输配电网仍然未开放。但发电侧市场属于卖方市场,只有卖方竞争而没有买方竞争的市场不能称为真正的市场。上一章的分析已经提出,只有卖方竞争的市场是缺乏需求弹性的市场,价格极易被发电企业操控。开放用户直接参与市场交易,则输电网必然向市场所有成员提供无歧视的电能输送服务。电网的无歧视开放,需要对电网成本有科学、准确、公平的测算。输配电一体运营时,可能存在比较严重的交叉补贴,即在不同输电线路之间和不同区域配电系统之间等,成本和利润难以界定。基于此,很多研究人员支持开展输配电分开的改革。

20世纪末,英国实施了较为成功的电力体制改革,英格兰、威尔士和苏格兰的国家电力公司由19个分立的法人取代。其中,英格兰及威尔士的新格局是3个发电公司、12个地区配电公司和1个高压输电公司。企业之间的分工如下:电厂发电;国家电网进行高压长途配送;通过地区性低压配送网络输送到千家万户;供电商在批发市场"买电",并支付输配电费用;私人和商业消费者从电力供应商处购买用电。根据《2000年公用事业法》,没有任何一家公司可以同时拥有电力输送和供电两项执照，电力公司只能二选一，以确保输配分开。1996 年，美国能源监管委员会（简称 FERC）颁布《输电网公开、无歧视开放，促进电力批发竞争——公共电力公司和输电公司搁浅成本的回收》法令，即著名的第 888 号令（简称第 888 号令），启动电力体制改革。为确保输配分开的顺利开展，第 888 号令还提出输配分开界面的确认方法。直到目前，这种方法仍然指导着美国输配分开的实践。新南威尔士州是澳大利亚电力改革的先驱，1994 年该州的太平洋电力公司实行结构性改组，将发电和输电完全分开。1996 年，结构改革全部完成，州电力结构实现了发电、输电和配电的分开，为电力市场的运作创造了组织结构基础。此外，还有阿根廷和智利等国家进行了成功的输配网分开改革。

但是，由于各国进行输配分开的基础条件不同，改革的最终结果也不尽相同。2006 年，俄罗斯进行了输配分开改革。2012 年 11 月，普京签署总统令，计划将俄罗斯区域配电控股公司（IDGC Holding）与俄罗斯联邦电网公司（FGC）合并，组建集输电和配电于一体的俄罗斯电网公司（Russian Grids）。2013 年 3 月，合并重组计划正式进入操作阶段，并于 6 月底实现俄罗斯电网公司的注册。此外，韩国金融危机后在世行等国际金融机构的引导下制定了改革方案，要求韩国电力公社分阶段实施厂网分开、输配分开。2004 年，韩国政府在开展深入国际调研后，决定取消输配分开改革。1998 年加拿大安大略省出台了新的电力法，要求原垂直一体化的加拿大第一水电公司（Hydro-one）拆分发电、输电、配电业务，1999 年发电资产分开后，政府对实施输配分开的必要性进一步研究，认为输电业务和配电业务具有加强的协同效益，允许新的 Hydro-one 公司保留输配一体化体制。

2. 国外输配体制改革影响因素分析

从国际电力体制改革的大环境来看，国外输配电体制的形成主要受以下几个因素的影响[129]。

（1）历史格局的延续

许多国家电力改革前已经呈现输电和配电分开格局。例如，英国英格兰和威尔士地区，20 世纪 90 年代以前电力行业由中央发电局（包括发电和输电）和 12 家地区供电局构成，改革后形成了发电、输电、配电分环节设立公司的局面；在北欧、北美一些国家和地区，传统上存在市政供电企业负责本地区供电，改革后这些公司自然而然成为独立的配电公司，与输电公司独立；日本和苏格兰仍保持输配一体化的格局。

（2）改革逐步推进进程中形成的格局

在欧洲，大部分国家是按照欧盟 1996 年和 2003 年颁发的电力改革法令逐步推进电力市场化改革。欧盟首先要求输电在 2004 年底与其他业务分离，以促进批发竞争和跨国交易，再要求配电于 2007 年底与发电和售电中分离出来以促进零售竞争。在这一过程中，一些国家将输电率先从原有垂直一体化企业中独立出来，而随着改革的推进，配电业务通常以子公司形式保留在原集团内部，据此形成了输配分开格局，如瑞典、意大利等。

（3）经过改革争议后保持输配一体化

受到英国等先期改革模式的影响，一些国家在制定电力改革方案时提出将发电、输电、配电各环节拆分，但是在改革推进过程中改变了初衷，如俄罗斯、韩国等。

3. 中国输配体制情况

目前中国的电力产业主要是输配售一体的单一买方模式。

从我国电力产业市场化改革到现在，已经形成了输配售一体的单一买方模式，初步实现厂网分开，但竞价上网尚未推行，且我国电网输、配、售电环节并未分开，电网是批发环节中的单一买电者和单一卖电者[130]。但国务院批转《关于 2012 年深化经济体制改革重点工作的意见》称，将"深化电力体制改革，稳步开展输配分开试点"。按照国务院分工，电改任务仍交由国家发改委、国家电监会、国家能源局等部门负责，由发改委牵头。针对中国的输配电现状，也有较多权威人士从不同研究方向分析了此问题，但意见并不统一。

4.7.3　输配分开的意义

《关于"十一五"深化电力体制改革的实施意见》中指出："十一五"

期间要巩固厂网分开成果,加快市场建设步伐,实行输配电业务内部财务独立核算,进行输配分开试点,全面推进电价改革,初步建立有利于促进电网健康发展的输配电价格机制。

目前,在我国现行的电力体制下,电力发展面临以下问题。第一,电力企业是买方垄断和卖方垄断,发电企业和电力用户没有选择权,阻断了电力供求双方的直接交易关系。第二,该体制使市场经济电价体系无法建立。第三,该体制使电源与电网建设不协调,配电网滞后于输电网,农村电网滞后于城市电网,这是电力发展面临的突出矛盾。输配分离能将单一卖者的市场结构变为多个卖者参考竞争的竞争性纵向市场结构,使电力市场形成买卖双方相互竞争的局面,打破电网公司在纵向市场上的绝对垄断地位[131]。因此,继厂网分离之后,推进输配分开是我国电力体制改革的必然取向,其意义主要体现在以下几方面[132]。

① 推进输配电分开可以促进电力产业持续发展。实行输配分开,打破输配一体的电网垄断体制,解决电力发展的内在问题,才能从根本上解决电力供应紧张的问题,以促进电力产业持续、健康、协调发展,产生巨大的经济效益。

② 推进输配分开能够降低电能成本。实行输配分开符合输配电网络大范围、多层次的特点,有利于提高管理效率;能够使发电公司、配电工地和大用户真正融入输电网络,使电网作为电力商品的载体,推动电力进入零售市场;建立电力公平交易的电力调度和交易组织体系,达到降低电价、提供优质服务的目的。

③ 推进输配分开能加快电网建设资金筹集。使电网的建设成本以输电费用的方式计入电价,为电网建设注入资金,利于电网良性健康循环发展。

④ 实施输配分开可以减少交叉补贴,为充分发挥市场在电力资源配置中的基础性作用提供体制保障。实施新的输配电价形成机制,可以有力减少交叉补贴,从用电侧实现资源的优化配置。

以国家电网为例,输配分开方案的总体设计可分为三步[132]:第一步,将目前国家电网公司下属5大区域输电网资产重组为一家统一的输电网公司,该输电公司作为国家电网的全资子公司,实行财务分开、独立核算；第二步，减少输配电网间的交叉补贴；第三步，将国家电网公司的输配资产按省级行政区域进行拆分。国家电网公司成为输电网公司，属于中央资产；省级电网公司改组为配电网公司，属于地方资产。

输配分开的核心是重组输配电业务组织体制，分拆电网企业只是手段，不是为了分拆电网而输配分开。建议选择有条件的区域进行试点，然后逐步扩大、稳步推进、深化完善。

4.7.4　输配分开可能存在的问题

一些权威人士从输配电的本质特性和市场经济的基本理论出发，结合在我国实施输配分开的实际情况，分析输配分开可能存在的问题。

1. 失去输配一体化的经济优势

经济学理论证明，实行一体化垄断经营是具有自然垄断属性行业的最优制度安排。传统垂直一体化电力体制的形成正是基于这一理论。

若将输配分开，可能在以下三方面不存在经济优势：一是分摊公用成本，输配电业务和技术相似，存在众多公用成本，如管理、设施、技术研发等；二是获得协同效益，通过规模采购、人力资源、法律、审计、IT 等共享服务降低成本，获得协同效益；三是减少交易成本，企业内部的信息沟通和传递能有效减少两个组织之间的信息不对称问题，在输配电规划、建设、调度、运行等环节降低协调成本。

电网是自然垄断属性的典型代表，输配分开经营将大幅提高生产成本，不利于实现大规模联网及充分发挥电网功能[133]。

2. 改革风险大

我国正处于电力快速发展阶段，需求快速增长、电源结构加快调整，对输配各电压等级电网的协调发展和运行提出了更高要求。同时，现阶段我国诚信体系、法律体系等尚不完善，契约精神相对缺失，如果实施输配分开[131]，可能带来以下问题。

① 电网安全稳定运行风险增加，事故防范和抗灾应急能力降低。

输配分开后,不同企业之间难以实现充分的信息共享、有效的资源整合和管理协调,易出现信息割裂,输配电网之间难以及时掌握设备变化情况。在电网正常运行中增加安全隐患。在异常事故情况下,事故处理的协调环节增加,及时控制事故扩大的能力降低。在电网遭遇自然灾害时,由于改革后的企业分散、规模小、力量弱,抗击重大灾害时的应急及灾后重建能力将减弱。输配一体化电网在一定程度上虽然垄断了市场,但也垄断了所有风险,承担较多责任。

② 城乡电网统筹发展政策难以实施,部分配电企业发展将面临困难。现阶段,我国在输配一体化体制下,形成了城市补农村、富裕地区补贫困地区的省级电网统一电价、城乡电网同价的电价体系[134]。若输配分开,原有的内部转移支付、价格补贴、技术和管理帮扶政策等将难以执行,经济不发达地区的配电企业将面临较大的发展困难。这无法保证其独立配电的生存问题,更无法保障居民用电。若通过税费方式建立普遍服务机制解决平衡发展的问题,则由此增加的税费征收、管理、监管等成本不容忽视。

③ 输配电网协调发展难度增加,影响电网投资运营效率。若实行输配分开,市场主体将分散,规划协调难度将进一步加大。多元化建设主体的利益驱动、信息不畅通等问题,可能导致电网重复建设、无序竞争。目前,四川、陕西、广西等省(区),由于存在多种电网体制,已经出现恶性竞争、重复建设等问题,破环了电网规模经济性和自身发展规律[135]。

④ 管理协调成本增加,可能推高电价水平。输配电网具有很多共用系统和部门,实施分开,形成多个企业,将增加一大批管理机构和人员,显著增加管理成本,同时输配电环节的交易、协调成本也将提高。

⑤ 不适宜部分电网已有结构,分开管理将破坏电网的统一规划及调度[136]。例如,陕西省曾被要求作为输配电改革试点,将 330kV 电网和 110kV 电网分开经营。但陕西电网是 330/110/35kV 的电网,不同于全国大多数 500/220/110/35kV 电网,110kV 线路属于高压配电电网,界限十分清晰,陕西电网的 110kV 线路既具有高压配电功能,又具有高压输电功能,一旦将 330kV 电网与 110kV 电网分开管理,必将破

坏电网的统一规划和调度,严重影响电网的正常运行和管理。

4.8　电力普遍服务

电力普遍服务既是供电企业的社会责任,也是供用电监管中的一项监督重点。

国内外的电信、金融、邮政等公用事业部门推广普遍服务已经具有比较丰富的经验,取得了丰硕的成果[137,138]。国内对于电力普遍服务的研究也逐渐受到人们的重视。文献[139]研究了电力普遍服务的实施方式,提出设立普遍服务基金。文献[140]提出设立电力公共基金,除了承担电力普遍服务的功能外,还承担扶持新能源发展等任务。但是,电力工业与其他部门相比有一些特殊性,如电力工业是按照不同的生产环节实施的重组,每个环节不能单独承担电力普遍服务义务;而其他公用事业部门能在自己的营业区域内,单独承担普遍服务。例如,我国每个电信企业可以独立为一部分用户提供语音通话的基本电信服务。我国用电机制实施目录电价,不同于电信、邮政等部门,如何在这种背景下推动电力普遍服务,还需要进一步研究。

智能电网的发展为电力普遍服务的实施提供了新的思路和途径,如可以通过分布式电源、微网等途径实现,而不一定是电网覆盖。把电力普遍服务的实施与智能电网的建设结合起来可以给电力普遍服务带来新的发展契机。

4.8.1　普遍服务的基本属性与意义

普遍服务是指用户拥有平等地获得基本服务的权利[141]。在垄断程度比较高、具有社会公用性的行业部门需要推动普遍服务。因为这些基础行业和垄断行业为一些小户、贫困地区提供服务的成本比较高,如果完全由市场调节,这些用户将得不到服务,或者必须付出高得多的价格获得这些基本服务,或者服务质量过低。由于这些服务是社会发展和人民生活水平提高的基础,如果这些用户得不到平等的服务,就会危及社会公平和社会的和谐发展。

普遍服务包含如下要件：

① 服务的含义是基本服务。用户有权平等获得的是基本服务，该服务不一定是优质服务，也不一定是增值服务。基本服务的含义是满足基本需求，达到基本质量的服务[142,143]。基本服务的具体含义应由监管机构确定。

② 平等强调的是平等的价格和机会。

具体的，电力普遍服务是用户有权按照平等的价格，获得基本的电力服务。基本的电力服务可以由监管机构确定，在不同的时期有不同的含义。在经济发展到一定程度，科技水平和经济发展水平提高，电力基本服务的质量也应随之提高。在电压偏差、频率偏差、谐波、停电持续时间、停电次数、非计划停电等方面，基本服务的标准相应提升。

用户可以接入电网，按照平等的价格和规定的电能质量标准（电压偏差、频率偏差、谐波等）获得相应的供电服务，即认为获得了电力普遍服务。

从以上分析来看，普遍服务有三个基本属性[144]：

① 可获得性，即用户有权享受电力服务。

② 可承受性，即大多数用户都能接受的价格。

③ 无歧视性，即所有用户都享受同等的基本服务。

4.8.2　电力普遍服务的特点

下面结合其他行业普遍服务的情况，进一步研究、阐明电力普遍服务的特点。

① 普遍服务是直接面向终端客户的服务。

电力普遍服务是一个整体，发电、输电、供电是电力生产中的几个环节，并不是相互独立的几种基本服务。电力用户所需要的基本服务是用得上电（可获得性），能按照公平的价格（无歧视性）获得基本服务（可承受性）。用户无需与这些环节的企业逐一签订服务协议，只要获得机会按照公平的价格获得基本的电力服务。在这些环节中，只有供电是直接面对电力用户的。因此，无需区分发电普遍服务、输电普遍服务和供电普遍服务。

下面以电信对比为例进行说明。电信行业的普遍服务是追求人们按照公平的价格获得公平的基本电信服务（语音通话）。其他增值服务，如可视电话和数据通信，则不在普遍服务的范畴中。

电信业的改革并没有将各个生产环节分开，而是将不同类别的基本服务分离开，如移动服务和固定电话服务。电信基本服务不应分割为电信接入基本服务、数据传输基本服务等，而是统一为语音通话基本服务。我国拥有基础业务牌照的每个电信企业都能独立提供基本服务，而电力市场是按照电力的生产划分成不同的环节，由发电、输电、供电企业共同完成一项基本服务。因此，电力普遍服务是一个整体，而不是由发电普遍服务、输电普遍服务和供电普遍服务组成。如果将电力普遍服务分割为发电普遍服务、输电普遍服务和供电普遍服务，那么发电普遍服务的涵义将难以明确。

② 用户需要付得起基本服务所对应的基本价格，才有权用电。

如果不支付基本价格，就不能获得用电权，这样可以防止恶意拖欠电费。当用户无法支付基本价格的情况下，要求电力企业提供基本服务就超出了电力普遍服务的范畴。

③ 关于普遍服务的对象。

我国电力普遍服务的对象主要是居民和事业单位。目前政府和电网企业在服务对象上分工不明确，导致电力普遍服务效率低。

电网企业的电力普遍服务对象主要是经济落后、电网尚未覆盖的贫穷落后地区的居民以及因供电成本过高、用电负荷过低而未通电的偏远山区和海岛等人口稀少地区的居民。

政府的电力普遍服务对象主要是农村地区"用不起"电的居民以及城镇低收入群体。政府通过补助和扶贫等手段进行电力普遍服务。对于需要补助的对象参照国际通行的普遍服务的特殊对象，可以将其确定为残疾人、失业人员等弱势群体和义务教育机构等非营利机构[145]。

④ 电力普遍服务的主体。

电力普遍服务实施的主体不明确，尤其是在实施电力市场化改革后，对其主体的认识和观念不统一是目前我国电力普遍服务机制存在的首要问题。

　　电力普遍服务的主体应该包括责任主体和实施主体。电力普遍服务作为公益性的公共服务事业,政府应该是责任主体,而实施主体还存在比较大的争议。政府虽然在政策和资金上可以大力推动电力普遍服务,但是会造成大量直接和间接的服务成本,导致电力普遍服务效率低下。因此,政府不宜作为实施主体。

　　我国五大发电企业虽然在发电领域具有一定的市场力,但不直接面向用户,在电力普遍服务实施过程中会有较大的困难,故发电企业也不宜作为电力普遍服务的实施主体。

　　对于面向用户的电网企业来说,电力普遍服务操作性比较强,其经营权具有垄断性质,同时肩负着建设中国智能电网的重任并获得国家政策和资金支持,在技术上能更好的实施电力普遍服务。因此,国家电网公司和中国南方电网公司两家电网企业应是电力普遍服务的实施主体。

　　在电网企业进行普遍服务的过程中,往往会存在由于某些地区成本过高而不履行电力普遍服务义务的问题,作为责任主体的政府应该加强监管,由政府电力监管部门承担监管义务,并且建立相应的监管机制,保障电力普遍服务的实施。

4.8.3　电力普遍服务的履行方式

　　智能电网的发展给电力普遍服务的实施提供了新的支持,同时丰富了电力普遍服务的履行方式[146]。

　　(1) 电网覆盖

　　发展特高压电网是建设坚强智能电网的基础。特高压技术能有效地提高电网的覆盖率,因此在建设智能电网的过程中,特高压技术为电力普遍服务提供技术支撑,解决无电区的电力供应问题。例如,2011 年开始建设的青藏联网工程,可以解决西藏和青海大片地区的电力供应问题。

　　(2) 分布式电力系统

　　发展分布式清洁能源是我国建设智能电网的重要措施,国家在政策和资金上予以大力支持。在一些偏远的地区,具有大量的水能、风能、太阳能、生物能、地热能等清洁能源，可以根据当地资源情况和负荷密度的情况开展分布式电力系统的建设。对于清洁能源充足的地区，可以大力发展清洁能源，建立分布式能源与大电网相连，推进智能电网的建设。对于清洁能源仅能满足当地电能需求的地区，可以根据当地资源情况就地建设低压电网，满足周边居民的用电需求。例如，建立小型水电站、太阳能光伏发电小型电网、风光互补发电系统、地热能小型发电站等实行分散供电。

（3）独立电源

智能电网的发展也能大力促进新能源技术的发展，特别是家用新能源技术，如离网型风力发电技术、太阳能光伏发电技术、生物质能发电技术等。在负荷密度很低、居民用电量极低、负荷很小、只需满足基本照明和一般家用电器的地区，可以对每家每户通过政府补贴的方式利用新能源技术建立家庭独立电源系统，如家用太阳能发电系统、家用风能发电机等。对于太阳能、风能欠缺的地区，可以充分利用周边的生物资源进行生物沼气发电。

（4）避免重复建设

与其他公共普遍服务行业综合建设，避免重复建设。智能电网的全面发展会促进其他基础行业，如电信、金融、铁路等加快普遍服务的进程。在未进行服务的地区开展综合建设，科学布局，避免重复建设。

（5）移民

一些边远地区，人口稀少，电网建设成本高，用电成本过高，又没有可利用资源，可以由政府出面，通过资金补偿，提供土地使用权等方式进行移民，在附近通电地区进行安置。

4.8.4　电力普遍服务的成本补偿机制

电力普遍服务的成本补偿机制是指对电网企业因提供普遍服务而产生的成本亏损进行补偿的方式。

目前对于成本补偿机制的研究基本都是从以下几个方面入手。

① 电力普遍服务成本计算。首先对我国普遍服务的现状进行调查，包括我国没有享受到电力普遍服务地区的负荷密度、地理条件、自

然条件等因素,对于不同地区根据当地的情况制定不同的电力普遍服务的履行方式,然后进行成本计算。

② 最优激励合同。电力监管部门设计一个最优的激励合同,对电力企业进行激励,使其提供电力普遍服务。激励合同的核心是引导电网企业努力提高普遍服务水平空间,从而实现电力资源的最优配置。

③ 生命线电价的设定。对于用不起电的贫困居民应该调查该地区现有收入水平所能接受的最高电价,将这种最高电价作为该地区贫困居民的生命线电价。生命线电价与实际销售电价的差额不应该由电网企业来承担,而由政府对其进行相应的补贴。

④ 电价补贴。电力监管部门应该允许电网企业对非普遍服务业务收取相对较高的价格,电力企业通过这些额外的收入来补贴由电力普遍服务产生的成本亏损。

从 2009 年起,我国就开始全面推进坚强智能电网建设。电力普遍服务的成本计算需要考虑智能电网建设的因素。在建设的过程中会出现与电力普遍服务重叠建设的地区,这些地区的电力普遍服务的成本可以全部计入智能电网建设的成本中。在最优激励合同中利用智能电网的建设,研究最新的激励机制来促使电网企业加快电力普遍服务的发展。因此,现有的理论研究应考虑智能电网建设与电力普遍服务之间的联系,在此基础上构建一套适合我国国情的成本补偿机制。

4.9　对输配电企业提供节能服务的激励

输配电企业掌握着最丰富的用户用电信息,拥有庞大的电力专业服务队伍,是向用户提供节能服务的理想机构。电力用户用电量越大,输配电企业销售额就越大,利润越大;上级电网企业往往对下级电网企业有销售额(电量)的考核。所以,输配电企业为电力用户提供节能服务的激励小得可以忽略。在电网企业履行社会责任的大框架下,有一些电网企业为用户提供了一些节能服务。具体举例如下。

辽宁辽阳供电公司节能服务负责人与辽宁省节能服务有限公司相关人员对辽东水泥集团诚信水泥有限公司生产车间的三台分别为 75

千瓦、55 千瓦、45 千瓦的烘干炉送风机进行投运后的第 2 轮检查。这种送风机使用手动变频一拖一形成的双回路可转换控制系统,通过调节风机的转速来调节烘干时的进风量,能避免启动电流时对风机的巨大冲击。投运后,公司生产的用电量和电费明显下降。

常州供电公司能效服务活动小组委托德国 Arqum 劳动保护、质量和环境管理有限公司中方咨询经理率领的能效诊断团队进驻世界 500 强企业之一——曼恩公司,制定了细致的能效改造方案,如空调系统智能控制优化、焊接排风机增设变频、空压机余热回收、更换除湿干燥工具、安装全套能效监控系统、部分区域关闭照明、车间出入口安装自动感应式门、车间空调冷水系统加装自动阀等。目前这些能效改造方案已经在实施或计划实施中,仅空气压缩机余热回收一项,每年就可节约用电 14 万千瓦。2011 年,曼恩公司在能效小组的指导下,全年节省了大约 52 万千瓦电量。

浙江省永康市供电局 10 多支亮亮服务队主动上门指导企业用户提高谷电利用率,降低生产成本。永康市规模较大的热处理加工企业求精热处理厂是用电大户,在供电部门的指导下,企业把节能降耗和奖励机制挂钩,在高频氮化车间的两个生产班组试点峰谷用电考核制度,鼓励工人错峰用电生产,当月节省电费 1.3 万元。峰谷电的优化使用,降低了企业的生产成本。接着供电局指导求精热处理厂开展节能技术改造,投入 2 万元新安装了一套无功补偿装置,供电局技术人员定期上门为企业用电情况进行分析监测,功率因数达到 0.98,使企业的供用电设备处在安全、节能的运行状态,当年企业获得力调电费奖励。供电局为企业节能降耗和安全生产提供了优质高效的服务。

泉州电业部门创新服务方式,主动上门帮助企业制订合理的用电方案,节能降耗。在泉州电业局的指导下,对宏远公司的设备进行了节电改造,每年可以节约电费 1200 多万元。泉州民营经济发达,用电量占全省的四分之一,为此,泉州电业局专门成立能效服务活动小组,依托从德国引进的先进节能组织方式,深入企业宣传节能经验,引导更多企业走上节能降耗之路。同时,泉州电业局通过技术支撑、管理创新,降低电网损耗,提高了电网经济运行。

从以上简单的例子可以看到,输配电企业为电力用户提供节能服务,能产生显著的效果,激励输配电企业为用户提供节能服务具有十分重要的意义。

在输配已经分开的市场中,用户对零售企业有一定的选择权,用户可以选择能提供节能等附加服务的企业为其提供电力。但在我国输配没有分开的管制市场中,如何激励输配电企业为电力用户提供节能服务,是我国实现节能、减排与可持续发展的一个重要问题。建议监管机构抓紧研究并尽快推出相关措施。同时,我们也提出一些简单建议。

① 监管机构应要求各级电网企业,取消对下级电网企业或者营销岗位销售电量及其增长率的考核(当然可保留对负荷预测、电量预测准确率的考核)。

电网具有自然垄断的特征,且我国目前没有放开供电市场竞争。电网公司的营销工作并不能使售电量明显增加。从较大范围来看,对下级电网企业、营销岗位考核售电量及其增长率,是阻碍电网企业为用户提供节能服务的最大障碍。基于此,建议监管机构尽快禁止电网企业对下级电网企业或岗位进行此项考核。

② 监管机构在监管输配电企业的服务质量时,增加对节能服务的考评。例如,在调查电力用户的满意度时,增加询问输配电企业是否提供节能信息、节能分析与其他节能服务。

4.10　小　　结

本章从输配电成本监管、电网公平开放、调度交易监管和电力普遍服务四个方面研究输配电监管,提出了输配电运营和监管的理想情况。同时,对我国输配是否分开的问题进行了探讨。

在输配电成本监管方面,提出直接成本和间接成本的均衡模型,揭示了输配电企业不合理投资的主要原因和方式。解决该问题的思路是加强对电网规划和投资的监管,或者在电网建设中引入合理的市场竞争;提出了电网规划、投资监管的后验评估方法,为实现科学合理的规划监管提供支持;提出了电网建设的 BOT 模式,该模式充分考虑输配电的特点,在电网建设中引入了市场竞争,同时不影响电网的垄断经营,建立了较好的电网投资回报机制,满足激励相容的原则。对成本监管的具体方法,如监管成本结构、主辅分开、交叉补贴等方面,也进行了相应的分析,揭示了基于绩效的管制模型的实质是激励相容的管制机制。

在电网公平开放方面,我们分析了其含义和具体内容,将电网公平开放分为三个方面,分别是对用户、发电厂的公平开放,以及互联电网之间的公平开放。

在电力普遍服务方面,提出普遍服务都是面向终端用户的,因此电力普遍服务不宜划分为发电普遍服务、输电普遍服务等。提出电力普遍服务的对象不应只是居民用户,其他类型的电力用户也应该是电力普遍服务的对象,不同对象的标准和基本价格可不同。这些分析有助于正确理解电力普遍服务的含义,结合我国的实际情况,促进电力普遍服务的实施。

在调度交易监管方面,研究了对调度交易方案评估的基本方法,提出偏差电量法分析各个机组是否受到平等对待,偏差电费分析法分析市场宏观运营的合理程度,约束条件分析法可分析具体某个调度交易方案中是否存在问题。这三个方法分别从宏观和微观、长期和短期的角度评估调度交易方案。

在探讨我国输配是否分开方面。首先,对输配分开做了明确的定义;其次,对国外的输配体制改革情况进行了概述与影响因素的分析,并对我国电力体制实际情况进行了说明;再次,针对以上输配体制改革情况总结了输配体制改革的意义;最后,从中国的实际情况出发,分析了我国输配体制改革可能存在的问题,为我国电力体制改革提供参考。

第五章 电力监管中信息披露

电力监管追求公平、公正和公开。公开即合理的信息披露，公开则是实现公平、公正的前提[146,148]。本章分析电力监管中信息披露的原则、内容、方式等方面的内容，并总结全书中其他章节提出的指标。

5.1 概　　述

5.1.1 电力监管中的信息不对称

电力监管中存在明显的信息不对称。垄断环节、对其他企业或个人利益有重大影响的环节是信息的主要产生环节。若不对信息不对称问题施加合理的监管，则有可能严重影响电力监管的公平和公正。

电力监管中的信息不对称在两个方面具有重大研究意义。第一方面是如何降低信息不对称，通过分析电力工业业务特点，提出反映问题本质的关键数据，要求电力业务经营者在规定的时限，按照规定的方式披露。第二方面是如何在信息不对称的不利条件下，采用科学的监管方法，使机制具有激励相容的特点[149,150]，使监管机构和被监管企业的目标具有一致性，抑制信息不对称产生的不利影响。

国内外在这方面取得了一定的研究与实践成果。在新英格兰地区，监管机构制定监管信息目录，要求市场成员向监管机构和用户提交信息；每种信息规定提交的周期和方式。在文献[151]中，提出了调度交易中心具体应公布的几项信息。在文献[147]中，比较系统地分析了发电侧电力市场条件下电力监管中披露的一些基本信息和指标。还有一些学者探讨了电力市场中博弈论的应用，分析信息不对称的影响，以及规避方法[152,153]。

5.1.2 电力监管中信息披露的分类

按照信息流向（受众）分类，电力监管中的信息披露包含三方面的内容。

① 电力企业定期或者根据监管机构的要求向监管机构提供数据和信息。

② 调度交易中心定期向其他电力企业或公众公布调度、交易及电力系统的信息。

③ 监管机构制定评估指标,根据市场成员提交的信息和市场交易情况,对市场成员的行为以及市场宏观情况进行评估并公布评估结果。

按信息披露的触发方式分,电力企业向监管机构提交信息或者向公众发布信息,有如下几种方式。

① 一次性申报,在信息变化时披露变化的信息。这种披露方式应用于比较稳定的信息披露,如发电厂的基本信息。

② 周期性申报。这种披露方式对应于周期性发生、监管机构或者公众应掌握的信息,如生产信息。

③ 特定事件触发的信息。

5.1.3 信息披露的原则

信息披露首先应该明确哪些信息是企业的商业秘密,哪些是应该披露的公共信息。因此,需要提出私有信息和公共信息的鉴别原则,提高信息披露的效率。避免为公开而公开,使企业疲于组织各类信息,而真正关键的信息却轻易被隐瞒,影响信息披露的效果。

鉴别信息是公共信息还是私有信息的基本出发点是权利和义务的平衡、信息披露的效率。这里提出四个具体原则。

① 针对性原则。每项信息披露的要求,应有利于防止市场成员可能采取的不合理行为。因此,研究信息披露应首先研究各个市场成员可能采取哪些不合理的行为,采取这些行为时需要隐瞒哪些信息;然后针对这些信息,提出系统的信息披露方案,使得信息披露达到集约化要求,披露的冗余信息最少。

② 对于涉及垄断业务的信息,如果该信息的公布不损害该企业的合法利益,则应按照公共信息处理。该原则称为垄断业务的公共信息假定。

对于垄断业务,需要通过相对充分的信息披露来保护公共利益,因此假定所有信息都是公共信息,除非公布该信息将损害企业的合法利益。一些涉及具体微观经营行为的事项,对企业合法利益有重大影响,如招标的标底应认为是商业秘密[154]。年度总网损率等事项应该是公共信息,因为该信息的公布,不损害企业的合法利益,而且有利于保护公共利益,激励电网公司降低网损。

③ 对于涉及竞争业务的信息,如果该信息的公布无益于公共利益,则该信息应按照商业秘密处理。该原则称为竞争业务的商业秘密假定。

对于竞争业务,激励竞争是保护公共利益的主要手段。竞争就必须允许企业存在创造性和多样性。因此,对于竞争业务,关键是防止企业的不正当竞争行为。假定涉及竞争业务的信息是企业的商业秘密,只有该信息不披露对公共利益有损害时,才认为应披露。

④ 对寡头竞争市场,以促进竞争为目标。若公开有利于促进竞争,则应公开;反之,则不应公开。

5.2　发电监管中的信息披露

发电监管的主要目的是建立高效的发电市场,防范、处理发电厂的违规行为。监管机构在发电监管环节中收集的信息,同时也是电网公平开放、普遍服务以及调度交易监管中需要广泛使用的信息。

发电厂主要的投机方法如下:保留可用容量,导致供给紧张或者阻塞,即物理保留措施(physical withholding);申报过高的价格,故意导致可用容量不中标或者市场价格过高,即经济保留措施(economic with-holding)。

根据上一节提出的针对性原则,为了避免上述行为,发电监管中的信息披露应包含如下内容。

1. 发电厂的基本信息

不同类型机组的技术特点有较大差别,因此发电厂的基本信息也根据电源类型而有所不同。火电机组的基本信息主要包括单机容量、最小技术出力、短期超载能力、爬坡速率、最小持续运行时间、最小持续停机时间、热启动持续时间、冷启动持续时间、是否具备 AGC 调频装置以及调频速率和强迫停运率等。水电机组的技术信息主要包括单机容量、强迫出力、保证出力、调节能力、水头损失率与水轮机效率等。掌握这些信息，为监管机构分析发电厂是否使用市场力，是否采用物理缩减或者经济缩减措施奠定基础。

机组的可用容量应根据其技术特点和边界条件，在合理的范围内波动。监管机构可以通过对发电厂可用容量的评估，及时发现并防范发电厂采取物理保留措施投机。

监管机构还可利用发电厂的技术信息，全面掌握电力市场的运营情况，如计算有序性指数等。上述信息也可用于调度交易监管，例如对调度交易方案评估时，分析约束条件是否应成为起作用约束时，需要掌握机组的技术信息。

2. 发电厂的部分成本信息

发电厂的报价应基于成本，在合理的范围内浮动。监管机构掌握发电厂与成本相关的信息，可防范发电厂实施经济保留措施的投机行为[155,156]。需要强调的是，发电厂向监管机构提供关于成本的信息，但这些信息并不一定向调度交易中心或者社会公众公布。

发电厂的成本信息应在发电厂入市时申报，申报一次即可。

根据竞争业务的商业秘密假定，当发电环节竞争力度较大时，发电厂的成本信息可认为是发电厂的商业秘密，无需向其他市场成员提供。不过不向监管机构提供这些信息，不利于监管机构对运营情况和市场力进行分析，因此可以要求发电厂向监管机构提供这些信息，监管机构有义务对这些信息保密。当发电环节的垄断程度较高时，发电厂的部分成本信息应被认为是公共信息。

发电厂的成本信息包括如下内容。

① 总投资、经济寿命、建设贷款总额、每年折旧费用、年度检修费用、人力资源成本等信息可体现发电厂的固定成本。其中前三项在入市时申报，其他定期申报。

② 体现火电厂变动成本的主要信息包括锅炉效率、汽轮机效率、发电机效率、煤耗率、厂用电率、单位电量耗水量、当地水费、热启动成本、冷启动成本、停机成本、无载成本，以及大修、小修等检修、维护的平均成本等。这些信息都是一次性申报，在变化时申报修改。

水电厂的变动成本比较小，主要是检修、维护和厂用电（相对火电厂而言也相当小）成本。

③ 发电厂的机会成本体现在如下三个方面。

第一，在电量市场和辅助服务市场中的选择机会成本。

第二，发电厂向相邻的地区送电的机会成本。

第三，水电厂电量受限时，有选择的在其他时段售电的机会成本。

对于第一项机会成本，调度交易中心或者监管机构计算在电量市场和辅助服务市场中单位容量的效益，以及电量市场和辅助服务市场的总容量需求，可得机会成本。

对于第二项机会成本，监管机构通过比较本地区与相邻地区同一时期的电价，可得发电厂向相邻地区送电的机会成本。

另外，发电厂普遍需要回收的另一项成本是由于机组强迫停运导致无法履行交易合约而受罚以及无法继续参加竞争带来的成本。

监管机构根据发电厂提供的以上信息，以及从公众信息渠道获取的其他信息，可测算各个发电厂的总成本。同时，将发电厂的报价与其总成本、机会成本进行比较，判断其是否实施经济保留措施。当发电厂报价低于单位变动成本时，则可基本认定发电厂在进行恶性竞争。

在发电监管一章中，对发电厂结构性市场力提出综合评估方法。监管机构可测算综合市场力指标 ILMI，并定期公布。此外，还可以通过该方法的分析，指出市场力高的具体节点（局部市场）、导致市场力的主要因素、削减市场力的最有效手段等信息，以便市场成员和社会公众分析和监督。对于发电厂使用市场力程度的评估，提出电力市场有序性指标和竞争力度指标，监管机构可以利用发电厂向监管机构提供的信息，以及系统负荷信息等，测算分析市场有序性和竞争力度。同时，可以利用对比评估方法，采用基于有效竞争的评估方法，研究、分析市场的竞争情况。

3. 发电厂的能耗与环保信息

我国自 2005 年起,开始推行节能调度,即能效越高的电厂,越优先调用发电。由于电力行业消耗的煤炭占我国总煤炭消耗量的 50.24%,排放到空气中的污染物占总污染物排放的 40% 左右;排放的二氧化碳占全国总排放的 40% 左右(以上为 2010 年数据)[157]。节能调度对我国能源、环境的可持续具有十分重要的意义。

在节能调度的情况下,发电厂的能耗、污染物排放、温室气体排放,对发电企业的调度优先级有重大影响。同时,厂网已经分开,电网企业并不能直接准确掌握发电企业的能耗、污染物排放与温室气体排放情况;若电网企业要求发电企业申报上述数据,也不能保证发电企业会准确申报。因此,为了保证节能调度推行,电力监管需要与环境监管协调,建立起对发电企业在线污染物排放、温室气体排放的监测,准确掌握发电企业的能耗、污染物排放量与温室气体排放量。

5.3 输配电监管中的信息披露

输配电企业向监管机构提交的信息如下。

① 定期提交与成本相关的信息,以保证输配电企业成本真实性,方便进行成本控制。

② 定期提交供电信息,进行供电监管,确保电力用户的权益,监督输配电企业收入。

③ 定期提交线路改扩建计划。

④ 在检修线路前提交线路检修计划。

⑤ 收到市场成员投诉时提交输电走廊传输极限及其相关信息。

⑥ 在发生阻塞并且有市场成员投诉时提交阻塞信息。

⑦ 第 4 章提出的容载比、输配电企业成本结构、重大成本支出等信息,也应该向监管机构披露。

⑧ 调度交易信息。这类信息应由输配电企业无修改的保存,以方便监管机构检查,主要包括市场成员的报价、中标情况。用于评估调度

交易方案的合理性,具体应用时还需要结合发电厂提交的机组信息。

为保证电力市场的透明度,上述信息输配电企业除应向监管机构报告,还应向市场成员公布。输配电企业是垄断经营的,披露上述信息不会损害输配电企业的合法利益,根据我们提出的垄断业务的公共信息假定,应定位为需要公开的信息。

5.3.1　输配电企业成本信息

输配电环节是自然垄断的,成本应受到监管机构的管制,根据垄断行业的公共信息假定,以及针对性原则,输配电企业应向监管机构提供成文信息,以保证输配电企业成本数据的真实性。

输配电企业成本信息应每隔一定周期向监管机构披露。

① 输配电企业应定期向监管机构提交财务数据以及成本结构。例如,输配电企业向监管机构提交的年度财务信息,包括上一年度电网还贷费用、电网折旧费用、电网维护与检修成本、电网建设费用、人力资源开支与差旅费等。上述信息的披露,可在一定程度上防止输配电企业在输配电成本中分摊不合理和防止交叉补贴,并激励输配电企业降低成本。

② 输配电企业负责从用户端收取电费,监管机构监督其是否按照电力供应与使用的规定向用户供电,并按照核定电价收取电费。

输配电企业应向监管机构提交总供电量、各类用户用电量(如工业用电、商业用电、农业用电等)、综合供电价格等供电信息。

输配电企业危害市场竞争的主要方式是人为造成阻塞,导致市场竞争不公平;主要途径是制定不合理的线路改扩建计划、制定不合理的线路检修计划、规定不合理的输电走廊传输极限。通过设计适当的信息披露机制,可以减少输配电企业危害市场竞争的行为。下面对各部分内容进行具体分析。

5.3.2　规划信息

输配电企业通过制定不合理的线路改扩建计划,拖延了对经常发生阻塞线路的改扩建,导致阻塞线路送电端的发电厂在市场竞争中长期处于不利地位。同时,该行为也属于输配电监管分析的消极规划或 A-J 效应问题。因此,应要求披露规划信息,实现电网公平开放,并防止消极规划和 A-J 效应。

这类信息应在市场成员投诉后,向监管机构披露。

为评估输配电企业建设和管理输电线路措施的合理性,输配电企业每年应将这些信息向监管机构报告,包括如下内容。

① 下一年度计划改扩建的线路。

② 上一年度各主要输电断面的阻塞情况,如阻塞次数、受阻电量、平均阻塞容量、阻塞累计时段数。

③ 改扩建线路两端的电源构成、供需情况,线路改扩建的效益分析。

④ 线路改扩建的成本,如输电走廊、设备、施工成本等。

⑤ 线路改扩建的工程难度与实施时间等。

平均受阻容量定义为

$$C = \frac{\sum_{i=1}^{K} MC_i}{K \cdot C_0} \tag{5-1}$$

其中,C 为平均阻塞容量;MC_i 为不考虑网络传输约束时,i 时段通过该输电断面的理想潮流;K 为一定时期(如一年内)阻塞的累计时段数;C_0 为断面的潮流极限。

阻塞电量定义为

$$E = \sum_{i=0}^{K} MC_i \cdot T_i \tag{5-2}$$

其中,E 为阻塞电量;T_i 为 i 时段的时间长度。

上述指标可以反映断面阻塞的严重程度。

除此之外,在发电监管一章中,提出通过 ILMI 指标的下降程度来衡量输电走廊建设的价值;在输配电监管中,提出规划后评估指标,以及购电费用偏差率对线路传输容量的灵敏度指标,可通过分析这些指标,并结合以上数据对电网规划的合理性进行评估。

5.3.3 检修信息

输配电企业可以通过制定不合理的线路检修计划,进行不合理检修,故意保留可用输电容量,导致阻塞线路送电端的发电厂在特定期限内处于不利地位。相应的信息应在市场成员投诉后向监管机构披露。

为评估输电线路检修计划的合理性,输配电企业应向监管机构报告输电线路的检修计划,包含检修线路在检修前的运行状态、检修的原因、检修计划持续时间与实际持续时间、检修线路同一断面其他线路的运行情况、线路检修是否导致或者加重阻塞。

为防止输配电企业制定不合理的检修计划,监管机构可规定重要输电走廊每年检修次数、每次检修的持续时间、检修方案的指导意见(特殊气象等不可抗拒因素除外)。例如,某线路检修时,原则上保证同一断面其他线路正常运行,以保证该断面具有一定的传输能力。

与制定不合理的改扩建计划相比,输配电企业制定不合理的检修计划对市场竞争的危害小,持续时间短,受阻电量较少。

5.3.4 可用输电容量信息

输配电企业可以通过不合理地规定输电走廊传输极限,使其低于实际可用容量,导致阻塞线路送电端的发电厂在市场竞争中较长时间处于不利地位,即对调度交易监管中提出的约束条件边界值进行分析。

若市场成员向监管机构投诉,监管机构应组织对输配电企业规定的传输极限进行论证。因此,这类信息也是市场成员投诉后,由输配电企业向监管机构披露。

输配电企业应提交的信息如下。

① 输电走廊的基本信息,如起点、终点、电压等级、线路材质、布线方式、经过地区的气候条件与污染情况等。

② 输电走廊传输容量受到的约束条件。

③ 在计算输电走廊传输极限时使用的稳定计算模型。

④ 输配电企业计算出的稳定极限,以及在实际运行中保留的裕度等。

　　在电力市场运营中实际发生阻塞时,输配电企业应向监管机构报告如下信息,阻塞线路的极限传输容量、发生阻塞的时段、各阻塞时段的实际潮流与受阻容量、发生阻塞当天传输的总电量、同一断面其他线路的传输容量和实际潮流等。通过分析上述信息可判断阻塞是否合理。

5.4　向公众发布的信息

　　为保证市场的透明度,指导市场的健康运营,监管机构、输配电企业、调度交易中心应分别向市场成员和公众发布信息。

　　监管机构从发电厂、输配电企业、调度交易中心以及公众信息渠道获取监管所需的信息后,根据对这些信息的分析和评估,向市场成员与社会公众发布电力市场运营的评估指标。

　　1. 发电监管

　　结合第 3 章分析,建议向公众发布以下信息和指标。

　　① 发电厂的基本信息。

　　② 计算并公布每月平均中标价格与平均边际成本的比值。

　　③ 强迫停运率与实际停运率的比较。

　　④ 发电公司 j 停运容量与系统负荷之间的相关性 α_i。

　　⑤ 发电公司 j 申报的总最大容量与系统负荷的相关性 β_j。

　　⑥ 发电公司 j 中标容量与系统负荷之间的相关性 γ_j。

　　⑦ 在竞价中各发电公司机组成为边际机组的比率(系统边际机组或分区边际机组),以及出力偏离调度指令的统计情况等。

　　⑧ 整个市场的 ILMI 指标和局部市场的 LMI 指标。

　　⑨ 电力市场有序性指标和竞争力度指标。

　　⑩ 采用对比评估法的相关分析结果。

　　上述信息可用于分析发电厂是否具有市场力,以及是否使用市场力。

　　在④~⑥中,相关性是指两个长度相同的有限序列之间的线性相关度。

α_j 越大表明发电公司 j 停运容量与系统负荷之间的相关性越大，发电公司在系统负荷高时停运容量大，表明其可能采取了物理保留措施。

β_j 越大表明发电公司 j 在系统负荷越高时，越愿意向系统提供可用容量，其行为越合理。β_j 过小，甚至为负时，则表明发电公司 j 的行为与市场规律不符，表明其采取了物理保留措施。

γ_j 是评估发电公司 j 是否实施经济保留措施的重要指标。若 γ_j 较小表明负荷较大时，系统的中标容量不是明显地随之增加。如果 γ_j 小于 0，且没有技术上的原因，则表明发电公司在系统高峰和尖峰负荷时段，申报过高的价格导致中标容量减少，是典型的基于经济保留措施的投机行为。

2. 输配电监管应向公众发布的信息

本章提出信息披露的原则，输配电的垄断经营符合公共信息假定，因此输配电企业向监管机构提交的信息，应向市场成员和社会公众发布。

3. 调度交易监管应向公众发布的信息

调度交易中心负责组织交易，并进行调度，因此调度交易中心应向市场成员发布与市场交易有关的信息，以及调度中的相关信息。

在每次市场交易前，调度交易中心应向市场成员发布预测与需求信息。以年合约市场为例，调度交易中心应发布如下信息。

① 负荷预测信息。年度负荷预测信息包含下一年度各月的预测电量、电量在各主要负荷节点的分布、各大行业用电量、月最大负荷等。

② 年合约市场的竞争电量。

③ 价格预测信息。

④ 年度检修计划。

⑤ 非竞价机组计划发电量等。

调度交易中心公布上述信息，可让发电厂对市场供需情况有明确了解,保持市场透明度。

在交易结束后,调度交易中心应发布市场中的出清价格、平均价格,以及阻塞信息等。

市场成员的报价和中标结果是市场成员的私有信息,尤其是市场成员的报价数据,体现了市场成员的报价策略。

延迟一定时间发布市场详细信息能够更好地发现市场中的共谋行为。公布市场成员的报价信息有可能使其他市场成员了解到其成本信息,并有可能泄露其报价策略信息,但市场成员未来的成本和报价策略信息仍然是保密的。在我国的大部分地区,相隔6个月时,系统的运行方式一般有较大差别,供需情况也有较大变化。基于以上分析,建议调度交易中心延迟6个月滚动公布发电厂的报价和中标数据。

同时,结合调度交易监管的分析,调度交易中心应保留每次组织交易、制定调度交易的方案,调度交易中心应向各市场成员公布在制定该交易方案中,所考虑的约束条件、约束条件的边界值等,保留这些信息以备监管机构核查。同时,统计各个发电厂的偏差电量和各个系统的偏差电费。

4. 社会责任相关的信息

由于输配电企业是垄断经营的,应承担起相应的社会责任。输配电企业的社会责任应包括以下内容。

① 普遍服务。在这方面,输配电企业有义务披露无电人口数量;在指定的时间周期内减少的无电人口;供电成本高于供电价格的人口数量及覆盖面积等。

② 接纳波动性电源的数量。随着智能电网研发与建设的深入,接纳波动性新能源电源也成为输配电企业应履行的一项社会责任。

输配电企业应披露接纳波动性新能源电源的标准与程序、各类电源的容量、实际发电量、废弃电量(如弃风、弃光、弃水)等。

5.5 小　　结

本章首先对电力监管中的信息和信息披露方式进行了分类。然后,提出了信息披露的四个原则,分别是针对性原则,要求信息披露具有针对性,减少信息冗余,提高信息披露的效率;垄断行业的公共信息假定原则,以提高垄断行业的透明度;竞争行业的私有信息假定,以保护在竞争的市场中,市场成员的商业秘密;对寡头竞争市场,以促进竞争为目标。若公开有利于促进竞争,则应公开,反之则不应公开。在上述原则的基础上,分析了在电力监管的各个环节中,电力企业应向监管机构提交的信息,提交这些信息的方式,使信息披露具有尽可能低的冗余,同时确保防止电力企业可能采取的不合理措施,总结了提出的指标,比较全面地分析了信息披露的内容与方式。

第六章　智能电网研发、建设对电力监管的影响

6.1　概　述

智能电网已经成为很多国家能源战略的重要组成部分,美国等国家甚至将智能电网作为国家战略。智能电网面临如下几个核心问题。

① 显著提高电力系统接纳波动性电源的能力。

化石能源发电是传统电网的主要电力来源。化石能源能量密度大,可以集中发电,发电技术成熟,一次能源输入可控。因此,传统化石能源发电具有可控性强、设备可靠性高、状态与出力可调度等优点。

大量使用化石能源,致使污染物排放和温室气体排放逐步升高,全球面临严重的环境污染和气候变暖问题。多数化石能源的储采比在数十年至一百余年之间。不寻找替代、可再生、清洁的能源,将加重环境污染,致使全球气候变暖到不可控、不可逆的程度。

可再生清洁能源多数具有能源密度低、需要就地利用的特点,而分布式发电是利用可再生、清洁能源的主要手段。由于一次能源不稳定,不能准确预测,会导致分布式发电具有随机性、波动性等特征,如风电和太阳能。生物质能、垃圾发电等新型发电形式,在发电过程中,虽然可以保证一次能源的供应基本稳定,但由于热值较低、燃烧本身不稳定,相关技术成熟程度也不高,因此出力也不稳定。

电力系统需要维持瞬时平衡,这是由能量守恒定律及电能不能大规模、经济存储决定的。波动性电源接入电网,必然影响电力系统的平衡。因此,为了保证电力系统的平衡,波动性电源接入电网的规模是受限的,具体的限制与电网互联程度、负荷特性、其他电源的调节能力、调度自动化与智能程度等有关。

传统电力系统接纳波动性电源的能力比较低。世界上很多国家,期待通过智能电网的研究与建设,大幅度提高电网接纳波动性电源的

能力,从而保证本国能源供应的可持续性。目前,丹麦等北欧国家,在这方面投入了大量的资源开展研究与建设,取得了较好的成果。

② 显著提高电力系统安全性,特别是有大量波动性电源接入后的电力系统安全性。

电力系统的安全问题,大部分情况下还是电力系统是否可以保持平衡的问题。电力系统的平衡被破坏容易引起频率、电压、联络线功率等波动,可能使电力系统失去稳定,进而引起较大范围的停电。

世界上不同国家的电力系统具有不同的特点。例如,我国能源供应与需求分布不匹配,导致需要远距离、大容量输电。特高压交直流联网是我国电力系统的一大特色。

结合不同国家电力系统的不同特点,在大量接入波动性电源后,保证电力系统的安全是智能电网研发与建设迫切需要解决的一个问题。我国波动性电源具有集中接入的特点,这对提高电网接纳波动性电源能力是一个更大的挑战。

③ 显著提高电力系统的经济性,降低成本、能耗、排放。

目前,电力系统中还存在大量需要优化的环节,迫切需要采取各种措施提高优化程度。目前我国电力设备的有效利用率平均低于 10%。这里提出的有效利用率是指发(输、变)电设备实际发(输、变)电量占理想发(输、变)电量的百分比。其中,理想发(输、变)电量是指按照额定容量持续运行完整寿命期。

造成有效利用率低的因素主要包括如下方面。

第一,负荷存在较大的峰谷差,平均负荷显著低于最大负荷;电力系统发(输、变)电容量需按最大负荷进行规划、建设与运行,使电力设备不能得到充分利用。

第二,负荷与波动性电源存在不确定性,电力系统需留有备用,导致设备得不到充分利用。

第三,一些电力设备的建设周期较长,电力设备需适度超前建设,建成后一段时间的利用率较低。

第四,各种因素导致的电力设备的实际使用寿命远低于电力设备的设计寿命。

在智能电网背景下,需要研发各种技术与管理政策,逐步提高电力设备的有效使用率,以显著提高电力系统的经济性。

基于上述挑战与目标,在智能电网刚兴起一段时间后,研究人员逐渐取得共识,认为智能电网与传统电网有如下区别。

① 智能电网接纳波动性电源的能力显著高于传统电网,使电力系统能适应各种不同的能源结构。

② 在没有外力大规模物理性破坏的前提下,智能电网可以基本排除大面积、长时间停电的风险。

③ 显著提高经济性,降低成本、能耗、排放。

电力监管应成为智能电网研发与建设的推手,促使智能电网的目标尽快达成。在此背景下,电力监管需解决如下问题。

① 波动性电源的接入监管,需要合理设置波动性电源接入的技术门槛,以及管理措施,同时保证电网企业的合法利益与波动性电源投资者的利益。

② 适度开放用户侧参与电力系统运行。国外智能电网建设,将需求响应作为最核心的内容。发展需求响应,需允许用户参与电力市场交易,且应主动响应电网电价、频率等信号,协助电网安全、经济运行的行为提供必要的激励。

没有用户参与的电网,不可能是智能电网。智能电网需要应对的三大挑战、需要实现的三大目标,都需要智能需求响应的支撑。例如,提高电网接纳波动性电源的能力,需要电网友好型用电设备,主动响应电网频率与节点电压,单独靠传统电源调峰、调频,不可能低成本地显著提高电网接纳波动性电源的能力;要提高电力设备的有效利用率,目前公认的有效、低成本的方法,也是广泛开展需求侧管理,实现削峰填谷,提高负荷利用率。

如何合理开放用户参与,并有适当的激励,是智能电网背景下电力监管需要解决的一大难题。

我们就上述两个问题进行简单分析。

6.2　用户自建分布式电源并网的虚拟存储政策

分布式电源发电往往具有波动性、稳定性差、可控性差和逆调峰等特征,电网接纳波动性电源的能力在一定条件下是有限的。不过,在很多国家和地区,电网接纳波动性新能源的能力并没有被充分利用,如在以管制为主的中国市场中。由于 DG 影响电力系统平衡,且影响电力企业的销售额,供电、配电一体化的电力企业会采取各种措施限制甚至禁止用户自建 DG。因此,除了政府主导设立的 DG 示范工程和电网难以覆盖的特殊区域,如海岛、沙漠、山区,在普通的城区和郊区普通用户自建的 DG 容量相对电网供电容量完全可以忽略。2010 年我国波动性新能源发电量仅占全社会用电量比重约为 1.2%[158]。因此,在管制电力市场的国家,如何促进 DG 的发展是个热点。2013 年 2 月底,中国国家电网公司发布《关于做好分布式电源并网服务工作的意见》,正式开放分布式电源并网。该政策宣布后,我国逐步有一些用户自建 DG 并网,主要是太阳能。随着分布式电源数量增加,对电网的影响程度增加,明确分布式电源并入电网的详细管理方案,具有十分重要的意义。

国家电网公司虽然已经开放 DG 并网,但 DG 并网后的计量、计费、管理政策仍然值得深入研究。从监管层面,更有必要明确电网企业与自建 DG 的用户的权利与义务。本节提出在管制电力市场激励分布式能源发电的电能虚拟存储政策。该政策能够确保电力企业的损失在其可接受范围之内,并保证激励用户自建 DG 的力度。该政策通过提高虚拟存储政策参数,进而逐步提高激励力度,使用户建立更多的 DG。

6.2.1　电能虚拟存储政策

虚拟存储政策是指用户自建分布式电源,当分布式电源出力大于负荷时,用户侧发电量虚拟存入电力公司,为其他用户所用;当分布式电源出力小于负荷时,用户侧消耗电量优先从虚拟存入的电量中抵扣。虚拟存储政策的本质是电力公司为自建 DG 的用户承担备用的责任和义务,由电力公司来平抑 DG 的波动性,并承担 DG 的逆向调峰义务。

电力公司承担的义务应在合理范围内,因此限制虚拟存储参数以确保电力企业的利益。电能虚拟存储政策参数详述如下。

① 允许用户自建容量的 DG。不同用户的用电量不同,因此应允许不同用电量的用户自建不同容量的 DG。允许用户自建 DG 容量越大,电力公司承担的义务将越重。因此,需设定 DG 容量上限,设定上限时,可采用用户 DG 容量与用户最大负荷之比表示。

② 允许用户虚拟存入电力公司的最大电量。允许用户存入的电量越大,电力公司承担的备用义务越大,同时对配电网的影响幅度也越大。因此,需设定允许用户存入的电量上限,可用允许用户存入的最大电量与用户平均月用电量之比表示。

③ 电能虚拟存储的清算周期,即用户虚拟存入电力公司的电量,每隔一定周期,若虚拟存入的电量大于零,则自动清零。该项参数的设立,能够避免电力公司在过大的时间跨度内承担备用义务,控制电网运行中的波动性。

6.2.2　虚拟存储政策模型

1. 实施虚拟存储政策的模拟场景

设有一条中压配电馈线,依次接入了 N 个用户。用户 i 的最大负荷分别为 L_i,在时刻 t 的负荷为 $L_i(t)$;设用户 i 月平均用电量为 E_i;设虚拟存储政策允许用户自建的 DG 容量为用户最大负荷的 k 倍;允许用户虚拟存入的最大电量为月平均电量的 f 倍;清算周期为 T。进一步,假定在虚拟存储政策激励下,各个用户自建的 DG 容量为 C_i,在时刻 t 的出力为 $C_i(t)$。

在时刻 t,馈线总负荷为

$$L(t) = \sum_{i=1}^{N} L_i(t) \tag{6-1}$$

在时刻 t,DG 总出力为

$$C(t) = \sum_{i=1}^{N} C_i(t) \tag{6-2}$$

若过多的 DG 接入配网馈线,将在馈线形成逆向潮流。逆向潮流将对配网的继电保护和运行控制产生巨大的影响,因此要保证馈线上不产生逆向潮流。在任何时刻,总有 DG 的总出力小于总负荷,因此要确保 DG 产生的最大出力小于馈线上的最小负荷,即

$$\max_{t}(C(t)) < \min_{t}(L(t)) \tag{6-3}$$

在接入 DG 的配网中作如下假定。

① 馈线上最小负荷是日平均负荷的 a 倍,即

$$\min_{t}(L(t)) = a\frac{\sum\limits_{i=1}^{N}E_i}{M}$$

$$= a\frac{\sum\limits_{i=1}^{N}\sum\limits_{t=1}^{24}L_i(t)}{24} \tag{6-4}$$

其中,M 表示一个月的天数,按 30 天记。

② 各个用户的负荷率已知,是用户的日平均负荷与用户最大负荷之比。用户 i 的负荷率 F_i 为

$$F_i = \frac{E_i}{ML_i} = \frac{\sum\limits_{t=1}^{24}L_i(t)}{24L_i}, \quad i = 1,2,\cdots,n \tag{6-5}$$

结合式(6-4)和式(6-5),时间 t 内,馈线上的最小负荷为

$$\min_{t}(L(t)) = a\sum\limits_{j=1}^{N}F_jL_j \tag{6-6}$$

③ 馈线上的负荷同时率已知,是馈线上的最大负荷与各个用户的最大负荷之和的比,即

$$Y = \frac{\max\limits_{t}(L(t))}{\sum\limits_{j=1}^{N}L_j} \tag{6-7}$$

④ 在虚拟存储政策激励下,并不是所有的用户都建 DG,即只有一部分用户自建 DG,设有 n 个用户自建 DG($n < N$)。

⑤ 不是每个用户自建 DG 容量时,都会达到允许建设的最大值,即

$$C_i \leqslant kL_i, \quad i = 1, 2, \cdots, n \tag{6-8}$$

⑥ DG 能产生的最大出力,是 DG 容量之和的 b 倍,即

$$\max_t (C(t)) = b \sum_{i=1}^{n} C_i \tag{6-9}$$

联立式(6-9)和式(6-6),配网不产生逆向潮流的条件为

$$b \sum_{i=1}^{n} C_i \leqslant a \sum_{j=1}^{N} F_j L_j \tag{6-10}$$

⑦ 允许用户虚拟存入的最大电量为月平均电量的 f 倍。因此,在清算周期内,虚拟存储的电能应该小于允许存储的虚拟电能,即

$$T \sum_{t=1}^{24} C_i f(i,t) - T \sum_{t=1}^{24} L_i g(i,t) \leqslant fMF_i L_i, \quad i = 1, 2, \cdots, n$$
$$\tag{6-11}$$

其中,$f(i,t)$表示一天之内,自建 DG 用户 i 在第 t 小时的 DG 出力所占自建 DG 容量的比例;$C_i f(i,t)$代表用户 i 自建 DG 在第 t 小时的出力,因此,一天之内(以 24 小时计算),用户 i 自建 DG 的出力总量记为 $\sum_{t=1}^{24} C_i f(i,t)$。假设用户 i 自建的 DG 在每天相同时间内的出力是一样的,$g(i,t)$表示用户 i 在第 t 小时的负荷占其最大负荷的比例,$L_i g(i,t)$代表用户 i 在第 t 小时的负荷,$\sum_{t=1}^{24} L_i g(i,t)$表示用户 i 在一天之内(以 24 小时计算)消耗的电量。假设用户 i 在每天相同时间内的负荷是一样的,$f(i,t)$ 和 $g(i,t)$ 均不大于 1。

2. 优化模型

电能虚拟存储政策在考虑配网安全的基础上,尽可能地利用所有用户自建 DG 的容量。因此,目标函数是使用户自建 DG 的总容量最大。电能虚拟存储政策的优化模型描述为

$$\max \sum_{i=1}^{n} C_i \tag{6-12}$$

（1）基本约束

$$
\begin{cases}
C_i \leqslant kL_i, \quad i = 1, 2, \cdots, n \\
T\displaystyle\sum_{t=1}^{24} C_i f(i,t) - T\sum_{t=1}^{24} L_i g(i,t) \leqslant fMF_i L_i, \quad i = 1, 2, \cdots, n \\
b\displaystyle\sum_{i=1}^{n} C_i \leqslant a\sum_{j=1}^{N} F_j L_j
\end{cases}
\tag{6-13}
$$

（2）潮流约束

潮流约束已在文献[159]中描述，在此不再详述。假设所有的 DG 均为风力发电机，并且发电机节点在计算过程中，按照 PQ 节点计算。

为了方便分析管制市场中电能虚拟存储政策的施行结果，需计算 DG 渗透率。配网渗透率 P 定义为

$$
P = \frac{b\displaystyle\sum_{i=1}^{n} C_i}{\max_{t}(L(t))}
\tag{6-14}
$$

3. 政策参数优化

为了保证管制市场中电能虚拟政策的可行性，电力企业会限制电能虚拟存储政策的参数在可接受范围之内，同时也提供了一个推行该政策的基础。随着该政策的实施，电力企业会逐步放宽政策参数，促进更多的 DG 接入电网。

电能虚拟存储政策的参数优化是指在电能虚拟存储政策模型的基础上，优化政策参数使所有用户自建 DG 的容量最大，并确定每个政策实施阶段的最优政策模型参数。在政策的初始阶段，允许的政策参数相对较小，然后在不同的政策阶段，通过逐步提高政策参数来提高用户自建 DG 的力度。虚拟存储政策模型的参数优化模型可以表述为

$$
\max\left(\max\sum_{i=1}^{n} C_i\right)
\tag{6-15}
$$

$$
\begin{cases}
30 \leqslant T \leqslant T_{\text{allowed}} \\
0 \leqslant f \leqslant f_{\text{allowed}} \\
0 \leqslant k \leqslant k_{\text{allowed}}
\end{cases}
\tag{6-16}
$$

其中，$T_{allowed}$、$f_{allowed}$和$k_{allowed}$是政策不同阶段下的政策参数，并且清算周期应在 30 天以上，防止过于频繁清算。

优化模型的最优解能够使所有用户自建 DG 的容量最大，并且满足电力企业的利益。文献[160]～[162]提出用粒子群算法高效率和高质量的解决多目标非线性离散优化问题。因此，上述优化模型和参数优化可以用粒子群算法求解。

6.3　面向智能电网的用电政策与监管

如上所述，智能电网需要开放用电侧的参与。与此对应，传统电力系统中的需求侧管理也应升级为需求响应。需求响应与需求侧相比，更强调用户主动参与，且用户主动参与的范围得到显著扩大。本节首先描述智能电网中的需求响应，在此基础上分析用电政策需做的调整及对应的监管。

6.3.1　电力需求响应及其分类

电力需求响应，可以理解为用户或者用电设备，响应电力企业或者电力系统的运行信号，改变用电策略、用电设备参数，以协助电力系统安全和经济运行的各种行为。

需求响应可以从不同角度分为不同类型。

① 按目的分，可以分为经济性响应、安全性响应和综合性响应。

经济性响应是以提高电力系统经济性为目标的响应，如通过削峰填谷提高负荷率，进而提高电力设备利用率、降低能耗。安全性响应是以保证电力系统安全为目的的响应，如在电力系统稳定受到威胁时开展的可中断负荷调度。当然，经济性和安全性在某些情况下是难以截然分开的，部分情况下两个目标同时存在。

② 按响应的信号分，可以分为价格、电压、频率、综合信号。

需求侧管理主要考虑价格信号，在智能电网中的需求响应增加了电压、频率以及综合信号。例如，部分非刚性需求的用电设备，每隔一定周期监测一次电网频率，当系统频率低到一定程度时，主动暂停用电或者降低用电功率,能为电力系统维持频率稳定起到较大的支持作用。同样的道理,可响应节点电压信号,以及根据电力系统调度自动化系统给出的、综合考虑频率、电压、联络线功率、电力设备状态等所给出的是否需要用户响应、各节点需要响应的幅度等。

③ 按照通信系统情况,可分为有通信支持与无通信支持。

有通信支持的情况,即用户或者用电设备可获得来自电力企业的即时信息,例如可中断负荷,用户可接受到来自电力企业的即时信息。无通信支持,即用户或用电设备不能获得来自电力企业的即时信息。

④ 按照响应决策者分,有用户主动方式与用户被动方式。

用户被动方式已经有了充分的研究,如低压减载、低频减载。用户主动的方式是目前研究的重点。

⑤ 按响应方式分,有人工方式与设备自动方式。

人工方式往往是时间跨度相对较大的工作。设备自动的方式,相对而言时间跨度小一些。

设备自动的方式,如美国等实施实时电价的国家和地区,一些非刚性用电设备,如洗衣机,可接受价格信号决策最优洗衣时间。

6.3.2 智能电网建设所需的用电基础设施

为了实现在电力系统中引入上述需求响应,需要在用电侧建设如下基础设施。

(1) 分时计量装置

这是推行分时电价、可中断负荷调度等措施的前置条件。

(2) 通信设施

大用户建立双向通信设施,单位容量的通信成本相对较低。因此,针对大用户,可建立起通信设施,并且可双向通信,推行上述需求响应中的所有措施。小用户建立通信设施,单位容量需分摊的通信成本相对较高,不一定建立与电力企业的即时通信。

(3) 负荷管理与控制系统

新型的负荷管理与控制系统将是电力系统调度自动化系统的一个子系统,并支持营销管理的相关业务。目前一些电力企业已经建立的负荷管理与控制系统,是营销系统的子系统,并不能支持上述需求响应的业务管理。新型负荷管理与控制系统,应能分析并预测何时、哪些节点需要用户与用电设备的响应、需要响应的幅度、持续时间,并将信号发送给可参与响应的用户与用电设备;记录用户与用电设备的响应行为;根据响应行为计费与奖励等。

6.3.3 用电政策

根据智能电网中需求响应的特点,需有如下用电政策配套。

1. 分时电价政策

分时电价是激励用户削峰填谷的基本手段,也是未来智能电网中需要普遍推行的一项政策。

推行分时电价政策,需要注意用户的用电时间弹性,即用户在用电时间上的选择余地大小。若针对时间弹性小的用户推行分时电价,则削峰填谷的效果欠佳,同时有可能导致用电价格明显上涨。当然,随着技术进步,一些用户的用电时间弹性也可以增加。例如,蓄冰空调技术发展,可以让商场等大量使用空调的用户,也逐步具备用电时间弹性。

2. 可中断负荷调用政策

可中断负荷调用是电力系统提升安全性和经济性的一项重要手段,已经在市场化程度比较高的国家广泛采用。由于我国缺乏相应的机制,尚未推广开来,形成了如下局面。

① 在调用可中断负荷经济性明显高于调用电源,但调用电源在技术层面尚可行的情况下,由于缺乏可中断负荷调用政策,且有可靠性考核政策,调度中心不得不调用电源,明显牺牲经济性。

② 在系统安全受到威胁,供电裕度明显不足的情况下,调度中心启动减载,直接限制部分用户用电或者停电。在这种情况下,用户被减载,没有得到补偿。

3. 电网友好型用电设备的激励政策

用电设备主动、自动响应电压、频率或者电力系统安全的综合信号,对协助电力系统安全、稳定、可靠运行有十分重要的意义。但这样的响应次数非常少,且持续时间非常短,对用电量的影响非常小。因此,需要设立专门的激励政策。

6.4　电网友好型设备及其推广

大规模电网互联技术的迅猛发展,远距离交直流混联输电的出现,多样化电力负荷的快速增长,大规模波动式能源集中并网,高密度、高渗透率的分布式电源的广泛应用,使电力系统不确定、不可控的因素增多,增加了大面积停电的风险[163~165]。电网的坚强可靠成为普遍关注的焦点,发展智能电网已经在世界各国达成共识。因此,构建安全、稳定、高效、经济的智能电网已成为我国电力研究的重点,而提高电网接纳波动式清洁能源的能力则成为智能电网发展的主要驱动力和目标之一。在智能电网的推动下,众多概念和技术被提出,其中对照环境友好而提出的电网友好概念越来越受到重视。

电网友好一词最早由瑞典教授 Thiringer 于 2002 年提出,但并未明确其含义[166]。在电力系统中,电源和负荷是维持系统瞬时平衡的主体,在智能电网的体系框架下,电网友好被赋予新的内涵,其技术核心是电源和负荷分别主动与电网协调互动,更经济、快捷、可靠地提高电力系统的平衡能力。电网友好技术是智能电网技术的重要组成部分,是智能电网发电和用电环节各种关键技术的高度概括。

电网友好发电技术主要是针对波动性新能源发电并网难的问题[167,168]提出的。围绕提高电网平衡能力的核心问题,对新能源电源而言,主要是提高其发电的可预测性、稳定性、可调可控性,在各种工况下以有利于电网稳定的方式运行,如低电压穿越。对传统电源而言,主要是提高爬坡能力、调峰能力、调频能力等可调可控能力。

负荷是电力系统平衡的主动方,电网友好的用电技术主要体现在改善负荷的时间特性、频率特性和电压特性,以提高电力系统不同时间尺度的平衡能力,如目前欧美普遍开展的需求侧响应[169~171]。此外,降低和改善对电能质量的不利影响也是电网友好用电技术的重要方面。

　　智能电网中的电网友好技术强调的是主动参与灵活互动和高度协调。本节在归纳整理现有电网友好技术的基础上分析电网友好发电技术和用电技术的发展思路,并提出其长远发展框架。

6.4.1　电网友好的智能发电技术

　　电网友好发电技术的研究主要集中在新能源发电方面,提高其可预测性、稳定性和可调可控性,减少对电网的不利影响,提高电网接纳波动性新能源的能力和电网的平衡能力。下面归纳整理新能源发电方面的电网友好技术。

　　1. 提高新能源发电的可预测性

　　对新能源发电进行不同时间尺度的电力、电量预测,并努力提高预测准确率,可降低电力系统调度运行的备用率,在保证电网安全、稳定的同时降低发电成本与能耗。

　　考虑到新能源发电的随机性较大,一般以短期和超短期出力预测为主。目前较为成熟的预测方法主要有随机时间序列法、卡尔曼滤波法、模糊逻辑法、决策树算法、人工神经网络法以及支持向量机等。

　　考虑光伏、风力、生物质能等新能源发电产业中的环境、气象等不确定因素较多,单一的预测方法已经不能满足电网调度对于并网电量预测的要求[172~174]。从预测精度出发,多种方式混合预测的方法将成为功率预测的发展方向。例如,将具有混沌特性的时间序列重建为一种低阶非线性动力学系统,结合智能化的神经网络算法,可极大地提高发电功率短期预测的精度,有望在光伏、风力发电等方面发挥重要作用,还可利用卡尔曼滤波法动态修改预测权值的优点,结合时间序列法建立优化模型,保证预测精度。

　　同时,作为新兴的机器学习方法,支持向量机技术因其具有易获全局最优解、推广性强、方便控制等特性[175,176],将在新能源发电并网的功率预测中发挥重要作用。

　　目前,以提高新能源发电预测为主要目的的电网友好发电技术在我国得到了初步研究和应用。2010年11月,我国首座电网友好型风电场在大唐新能源赤峰公司东山风电场建成,其精确的风功率预测系统已经实现了风电场 48 小时内的短期功率预测和 15 分钟至 4 小时的超短期功率预测。

2. 提高新能源发电的稳定性

新能源发电的稳定性包括暂态稳定性和发电功率的稳定性。在提高新能源发电暂态稳定性方面,应用于风电场的低电压穿越技术是目前较为热门的电网友好技术[177],不仅避免了电压波动时造成的风机解列,避免连锁故障,还有效的提高了风电场运营的安全稳定性。

增加新能源发电功率的稳定性主要有两种方法,一是利用其资源特点形成互补协调系统。例如,风光互补混合发电系统,不但可以弥补新能源独立发电在资源上的缺陷,获得较稳定的功率输出,提高系统供电可靠性,还能显著降低储能装置的配备容量,使系统成本趋于合理。二是建设大型储能电站,采用复合式储能提高其技术经济性能,协助新能源发电保持出力稳定,为可再生能源发电系统配置一定容量的旋转备用。现有研究结果表明,飞轮、超导和超级电容器储能具有响应速度快、输出功率大、储能效率高、循环寿命长的特性[178,179];蓄电池类储能则具备能量密度高、自损耗小、储能时间长的优势[180]。在此基础上,可以利用高温超导块材式的悬浮现象,研发高温超导飞轮储能,使其控制更简单,储能密度更大;或将超导储能、飞轮储能或超级电容器与铅酸电池、液流电池或钠硫电池等技术相结合,最大限度地发挥各种储能技术的优势,降低全寿命周期费用,提高系统经济性。

3. 增强发电的可调可控性

利用各种先进的管理技术和控制策略,对新能源发电实施有效的调控措施,提高新能源发电的可调可控性,可在提高其供电可靠性的同时提高电网调度运行工作的效率。

例如,利用先进的能量管理系统技术,对海流能发电系统采取有效的在线监控、状态估计、出力预测、短期调度等能量优化控制和管理。

考虑兼顾系统调频需求的分布式风电分散自治调控策略[181],对风电场进行兼顾系统某些特殊运行需求的有限自治,配合电力系统的统一调度。同时,还可采取风机单机调控、风电场调控、电网侧调控的三级调控措施,利用先进风电机组技术、电网友好型电源等技术,通过坚强的受端同步电网,统一协调控制风电功率波动性、不确定性以及大规模同步电网稳定运行。

风光互补发电系统可结合最大功率跟踪控制、负载功率跟踪控制等电网友好先进技术[182],根据光伏阵列和风力机输出功率、运行特性及系统配套储能方案进行协调控制,建立风光互补混合发电系统的一体化集中监控系统。

东山电网友好型风电场中采用了集中优化配置的有功功率和无功功率控制系统,有效地实现了风机的远程调节控制。

6.4.2　电网友好的智能用电技术

作为电力系统瞬时平衡的主动方,用电设备的负荷特性及用户的负荷需求在很大程度上决定着电网的安全稳定运行。

1. 改善用电设备的负荷特性

（1）改善用电设备的频率特性

电网友好的用电技术考虑用电设备主动响应电网的实时频率。例如,在部分用电设备,如热水器、电动汽车充电负荷等加装控制装置。当电网中负荷过大或某台发电机出力变化而造成频率偏移超出允许范围,对电网安全稳定运行造成威胁时,用电设备中的控制装置能够自动监测并判断频率的变化,分析并判断当前电网频率偏移的程度,自主选择相应的调整控制策略,短期内调整用电设备的运行参数,提高电网保持平衡的能力。这样,不仅节省了通信时间和费用,更因其短暂的响应时间,不会降低用户的用电体验,真正体现了友好的含义。

应用电网友好频率响应技术后,用电设备可以帮助实现频率管理,在容量市场中起到与发电机类似的作用,这将为电力系统的控制增加更多的灵活性。

（2）改善用电设备的时间特性

现有改善负荷时间特性的方法主要有两种，一是应用峰谷分时电价，缓解高峰时段电网调峰压力，提高负荷率[183,184]；二是开发利用可中断负荷（interruptible load，IL）[185,186]。这两种方法从技术手段和实现目标来讲，都可以认为是电网友好的用电技术。

削峰填谷不仅能够使负荷曲线平坦，有效地降低损耗，提高电力系统的运行效率和稳定性，还可以延缓、减少电力设备投资。例如，蓄冰空调[187]利用用电低谷时期储存的冷量满足负荷高峰期的制冷需求，较好体现了转移用电负荷和平衡用电负荷的削峰填谷思路，可较为明显地降低城市夏季高峰负荷。由于其安装成本较高，因此该技术的大力推广仍需要相关配套政策的扶持。

作为电网的紧急备用发电容量资源和输电容量资源，可中断负荷对供电可靠性的要求不高，在一定的经济补偿或赔偿条件下，对小概率停电事故可以容忍。当电网高峰期或遇到重大冲击时，调用可中断负荷比调用电源更具有时效性和经济性。由于我国电力市场开放程度有限，目前可中断负荷尚未组织市场交易，仅由调度机构按照有序用电的相关措施按需调用。

（3）改善用电设备的电压特性

改善负荷的电压特性，避免节点电压降低时，用电设备消耗更多的有功和无功。不同的用电设备具有不同的电压特性，其中空调负荷是近年来城市电网中负荷比例较高、电压特性不利于电压稳定的代表，且空调负荷一般是非刚性需求。因此，改善负荷电压特性，较多以空调负荷为研究对象[188,189]。现有分散型和集中型的低压减载技术不能兼顾响应动作的可靠性、时效性及经济性[190,191]，并会给用户带来不同程度的不便。

从负荷侧考虑，当电网电压的偏离幅度超出正常范围，电网有可能失稳，如果受端电网中的负荷能够主动响应，短时微调其运行参数，将有利于电网的电压稳定。例如，上述控制装置可根据不同用电设备的负荷特性自行设定电压偏移门槛，当控制装置监测出物理量的偏移（偏移幅度）达到了响应门槛值，即可根据相应的控制策略自行切除部分负

荷,尤其是电压特性较为突出的用电设备负荷,如空调类负荷。在电网
发生过载、电压稳定受到威胁时,借助城市民用或商用负荷在城市电网
负荷中的重大比例,即可及时调整城市电网电压水平,有利于电网的安
全稳定运行。

电网友好用电技术具有广阔的应用前景,部分发达国家已经在这
方面展开了积极尝试。例如,美国西北太平洋国家实验室(Pacific
Northwest National Laboratory,PNNL)已着手研发一种新型控制器。
该控制器嵌入用电设备中,能够监控电网运行状态,适时响应,以平衡
电网的供需关系[192]。其研发基于美国现有电力市场的电价机制,从电
力设备端出发,维持电网稳定运行。

(4) 综合改善负荷特性

对用电负荷的研究离不开用电环境,目前城市热岛效应、温湿效应和
累积效应及其对用电负荷的影响逐步成为新兴的研究热点和重点[193,194]。

可研究不同用电环境下,城市电网的负荷结构、负荷水平以及不同
用电设备的负荷特性对电网安全稳定运行的影响,综合分析上述改善
负荷特性的思路,提出电网友好的用电方式。制定各种紧急情况时的
响应控制策略,协助电网快速恢复系统频率稳定和电压稳定。同时,新
型的用电方式支持分时电价、阶梯电价以及节能减排政策,可有效地降
低电力用户成本,提高系统运行稳定性。进一步,亦可考虑研究不同用
电设备间的协调响应控制策略,分析多种响应模式,提出优化方案,真
正地达到电网友好、安全用电、经济用电的目标。

2. 电网友好型用电设备推广所需的政策支持

电网友好型用电设备,改善负荷时间特性方面的技术及装备,可通
过分时电价推动。在分时电价下,用户的主动响应可以降低其用电
费用。

用电设备对电压、频率等的响应,虽然不影响用户的用电体验,而
且可以降低电网大面积停电的风险,但是用户并不是其采用电网友好
型设备直接、特定的受益对象,从经济学角度分析,采用电网友好型设
备,有较大的外部性。在这种情况下,用户自行选择电网友好型设备的

比例会比较低,不利于电网友好型设备的推广。因此,建议监管机构会同制定国家标准的部门,将电网友好型技术作为某些用电设备,如空调、热水器、电动汽车充电装置等的强制标准推行。

6.4.3　展望

要实现真正意义上的电网友好必须加大对各项技术的研发落实。新技术应用的相关政策和电网友好技术的推广机制是需要研究的重要问题。电网友好技术的研发应用具有周期长的特点,且具有正外部性,如何将电网友好的外部性内化,形成激励相容的推广机制,是电网友好技术能否真正发挥作用的关键。在发电技术方面应继续完善新能源发电技术,实现其运行频率控制、继电保护配置、信息采集自动化和通信电能质量等的智能一体化发展。同时,随着电网友好的发电技术研发和推广,应用和提高电网接纳新能源发电的能力,实现低碳电力。进一步针对传统电厂研发低成本改造升级技术也将是下一步电网友好技术的研究热点。

6.5　小　　结

智能电网的研发和建设将使电力系统发生根本性的变化。对应的,电力监管也将发生较大的变化,主要体现在灵活的用电政策,以支持需求响应的开展;对分布式电源、微电网建设的政策支持与监管。

参 考 文 献

[1] 周凤翔,许婷.外国电力监管机构设置的模式.中国电力教育,2005,20(3):18-20.

[2] 贾英华.我国电力监管机构刍议.中国电力企业管理,2002,20(7):7-9.

[3] 杨力俊.电力市场中市场力规制的策略与方法研究.北京:华北电力大学博士学位论文,2005.

[4] 林婉婷.公用企业政府管制与反垄断法规制研究.厦门:厦门大学硕士学位论文,2002.

[5] 张平康,储新民,张仙锋.电力市场化改革规律探索——从国际经验看我国的电力市场化改革.山西财经大学学报,2004,26(2):73-77.

[6] 鲁华.法国电力公司业绩.农电管理,1999,7(4):42.

[7] 张文泉,方彬.管制理论与电力监管.华北电力大学学报:社会科学版,2004,9(3):25-29.

[8] 黄少波.电力监管的技术创新.经济与社会发展,2005,3(5):71-74.

[9] 李瑞庆,刘敦楠,何光宇,等.电力市场运营监管信息系统.电力系统自动化,2004,28(14):18-22.

[10] 林济铿,祁达才,倪以信.电力市场监管辅助服务系统之研究.电力系统自动化,2001,25(14):7-10.

[11] Gan D,Bourcier D V. A simple method for locational market power screening//Winter Meeting of the IEEE-Power-Engineering-Society,2002.

[12] 朱治中,于尔铿,刘亚芳,等.电力市场的效率问题.电力系统自动化,2005,29(13):1-4.

[13] 赖菲,夏清.电力特性与电力市场.电力系统自动化,2005,29(22):1-5.

[14] 金雪军,李红坤.激励相容监管机制:银行业监管效率的基石.东南大学学报:哲学社会科学版,2005,7(5):16-23.

[15] 吴卿艳.激励相容的金融监管机制初探.北方经济,2005,13(10):66-67.

[16] 谢翠菊,孙新跃,周志伟.电力需求侧管理激励机制探讨.电力需求侧管理,2005,7(4):53-55.

[17] 蒋东荣,李群湛,刘学军.考虑电力合约的激励性市场机制设计.电机工程学报,2005,25(18):57-63.

[18] 马歆,侯志俭,蒋传文,等.电力市场中激励性发电商竞价机制设计研究.长沙电力学院学报:自然科学版,2004,19(3):22-26.

[19] 康芒斯.制度经济学.于树生,译.北京:商务印书馆,1962.

[20] Fudenberg D,Tirole J. 博弈论(Game Theory).北京:中国人民大学出版社,1996.

[21] 彭海真,任荣明.论监督背景下的不对称信息管制机制.经济评论,2003,24(5):36-39.

[22] 沈越.不对称的公司治理结构与治理机制——兼论我国公司治理的创新.北京师范大学学报:社会科学学报,2005,50(3):109-113.

[23] Jurca R,Faltings B. An incentive compatible reputation mechanism//Proceeding of the Second International Joint Conference on Autonomous Agents and Multiagent Systems,2003.

［24］林江鹏,冉光和,唐齐鸣.市场主体信用关系运行机制研究.金融理论与实践,2006,28(1):
　　　 7-9.

［25］方勇,李渝曾.电力市场中激励性可中断负荷合同的建模与实施研究.电网技术,2004,
　　　 28(17):41-46.

［26］Fahrioglu M,Alvarado F L. Designing incentive compatible contracts for effective demand
　　　 management. IEEE Transactions on Power Systems,2000,1(4):1255-1260.

［27］王先甲,殷红.一种激励相容的电力市场双边拍卖机制.电力系统自动化,2004,28(18):
　　　 7-18.

［28］杨光,俞集辉,张谦,等.计及网络约束的激励性电力市场竞价机制设计.电网技术,2009,
　　　 33(9):90-96.

［29］蔡晓丽,李春杰,杨璐.满足激励相容和平衡账户约束的发电市场最高限价机制.电网技
　　　 术,2011,35(2):143-148.

［30］段新明.从“囚徒困境”看后现代语境下的哲学转向.河南师范大学学报:哲学社会科学版,
　　　 2004,31(3):24-27.

［31］《中国电力企业管理》编辑部.东北电力市场试点:竞争力度逐渐加大.中国电力企业管理,
　　　 2005,23(7):17-18.

［32］朱峰,杨立兵,范斌,等.华东电力市场建设和模拟运行.华东电力,2004,32(9):1-6.

［33］《电力系统自动化》编辑部.南方电力市场模拟运行正式启动.电力系统自动化,2005,29
　　　 (24):20.

［34］井志忠.自然垄断行业市场化改革后市场操纵力与竞争效率研究.经济纵横,2005,21(9):
　　　 18-20.

［35］阙光辉.商业电价是否存在“歧视”? ——兼论销售电价联动与取消交叉补贴.中国电力企
　　　 业管理,2003,21(11):22-24.

［36］Duan G,Dong Z Y,Wang X F. Composite auction method for suppressing unreasonable
　　　 electricity price spikes in a competitive electricity market. Proceedings of Transmission and
　　　 Distribution Generation,2005,1(4):460-468.

［37］Nagayama H. Effects of regulatory reforms in the electricity supply industry on electricity
　　　 prices in developing countries. Energy Policy,2007,35(6):3440-3462.

［38］Stern J. Electricity and telecommunications regulatory institutions in small and developing
　　　 countries. Utilities Policy,2000,9(3):131-157.

［39］Wang L,Li X,Xie W,et al. Principal-agent theory based incentive mechanism for the elec-
　　　 tricity universal service// Industrial Engineering and Engineering Management,IEEE 16th
　　　 International Conference,2009.

［40］Lisha Z,Shunkun Y. Research on performance incentive mode of power//Enterprises Based
　　　 on Incentive Compatibility Principle,Management and Service:Science,IEEE 2011 Interna-
　　　 tional Conference,2011.

[41] 黄文杰,黄奕,张宇波. 电力市场中的激励机制效果评估. 电网技术,2010,34(9):128-132.

[42] 曾鸣,刘敏. 我国区域性电力市场中电价及其相关问题研究. 电力系统自动化,2000, 24(2):5-10.

[43] 张金水,张妍. 应用微观经济学. 北京:清华大学出版社,2001.

[44] Solver T, Soder L. Comparison of incentives for distribution system reliability in performance-based regulations//Electric Utility Deregulation, Restructuring and Power Technologies, IEEE 2004 International Conference, 2004.

[45] 王雁凌,张粒子,杨以涵. 边际电价结算和发电方报价价格结算竞价机制的经济分析. 电网技术,2004,28(11):14-17.

[46] 埃德温·曼斯菲尔德. 应用微观经济学. 王志伟等,译. 北京:经济科学出版社,1999.

[47] David A K, Wen F S. Strategic bidding in competitive electricity markets:a literature survey//Power Engineering Society Summer Meeting, 2000.

[48] 井志忠. 自然垄断行业市场化改革后市场操纵力与竞争效率研究. 经济纵横,2005,11(9): 18-20.

[49] Baumol W J, Blinder A S, Scarth W M. Economics Principles and Policy. New York:South-Western Cengage Learning, 2008.

[50] 林济锵,倪以信,吴复立. 电力市场中的市场力评述. 电网技术,2002,26(11):70-76.

[51] Gan D, Bourcier D V. Locational market power screening and congestion management. IEEE Transactions on Power Systems, 2002,17(1):180-185.

[52] 辛洁晴,言茂松. 电力相关市场及其集中度指标评定. 电力系统自动化,2002,26(23):7-12.

[53] de Mello H L, de Souza A C Z, de Lima J W M, et al. Exercising reactive market power through sensitivity studies and HHI//IEEE 2002 Power Engineering Society Winter Meeting, 2002.

[54] Borenstein S, Bushnell J, Knittel C R. Market power in electricity markets:beyond concentration measures. http://www.ucei.berkeley.edu/PDF/pwp059r.pdf[1999-2-16].

[55] ISO New England Incorporation. Annual-market-analysis-and-reports. http://www.iso-ne.com/smd/market analysis and reports/annual report and public forum/ 2002/[2002-09-12].

[56] Visudhiphan P, Ilic M D. Dependence of generation market power on the demand/supply ratio:analysis and modeling//IEEE 2002 Power Engineering Society Winter Meeting, 2002.

[57] Visudhiphan P, Ilic M D, Mrdjan M. On the complexity of market power assessment in the electricity spot markets//Winter Meeting of the IEEE-Power-Engineering-Society, 2002.

[58] 赖菲,丁振华,张崇见,等. 电力市场不完全竞争问题. 电力系统自动化,2002,26(4):9-12.

[59] 汪穗峰,任震,黄福全,等. 用潮流追踪研究电力市场中的市场力. 广东电力, 2003,16(5): 1-5.

[60] Felix C M, Sabine P, Katherina G. Power generation market concentration in Europe 1996-

2004：an empirical analisys. Berlin：Institute for Applied Ecology，Oko-Institute，2005.

[61] Pal K，Pandit M，Shrivastava L. Conundrums measurement for market power//Power Electronics，2010 Drives and Energy Systems，2010.

[62] Sahni K A，Sharma M，Gou S，et al. A probabilistic approach of Hirschman-Herfindahl Index（HHI）to determine possibility of market power acquisition//2004 Power Systems Conference and Exposition，2004.

[63] Vargas L S，Palma B R，Moya A O. Market power and transmission congestion in a longitudinal system//Power System Technology，2002 International Conference，2002.

[64] 杨力俊，郭联哲，谭忠富. 几种发电商市场力评估指标的对比分析. 电网技术：2005,29(2)：28-33.

[65] Rahimi A F，Sheffrin A Y. Effective market monitoring in deregulated electricity markets. IEEE Transactions on Power Systems，2003,18(2)：486-493.

[66] Yang J. A market monitoring system for the open electricity markets//IEEE 2001 Power Engineering Society Summer Meeting，2001.

[67] 刘敦楠，李瑞庆，陈雪青，等. 电力市场监管指标及市场评价体系. 电力系统自动化，2004，28(9)：16-31.

[68] 夏清，黎灿兵，江健健，等. 国外电力市场的监管方法、指标与手段. 电网技术，2003,27(3)：1-4.

[69] Office of Electricity Regulation（OFFER）. Review of electricity trading arrangements background paper 2. Birmmingham：Electricity Trading Arrangements，1998.

[70] 张立辉，张晓春，李寒芳. 判断发电商市场势力的指标分析. 现代电力，2005,22(4)：86-89.

[71] 宋依群，侯志俭，文福拴，等. 电力市场三种寡头竞争模型的市场力分析比较. 电网技术，2003,27(8)：10-15.

[72] 孙宏斌，胡江溢，刘映尚，等. 调度控制中心功能的发展——电网实时安全预警系统. 电力系统自动化，2004,28(15)：1-7.

[73] 周明磊. 电力市场监管指标的研究. 浙江电力，2003,22(5)：12-16.

[74] 黎灿兵，夏清，胡左浩. 基于有效竞争的发电厂市场力评估方法. 电网技术，2006,30(10)：75-80.

[75] Kejia C，Sifeng L. Economic index time difference analysis based on KL information measure//Advanced Management Science，IEEE 2010 International Conference，2010.

[76] 刘杰. 电力市场力的量度及抑制理论方法研究. 北京：华北电力大学硕士学位论文，2004.

[77] Lusan D A，Yu Z，Sparrow F T. Market gaming and market power mitigation in deregulated electricity marketsin power engineering society//IEEE 2002 Power Engineering Society Winter Meeting，1999.

[78] 徐达明. 电力市场运行效率研究. 杭州：浙江大学硕士学位论文，2003.

[79] Lee K H，Baldick R. Solving three-player games by the matrix approach with application to

an electric power market. IEEE Transactions on Power Systems,2003,18(4):1573-1580.

[80] Albadi M, El-Saadany E. A summary of demand response in electricity markets. IEEE Transactions on Power Systems,2008,78(11):1989-1996.

[81] Grigg C,Wong P,Albrecht P,et al. The IEEE reliability test system-1996:a report prepared by the reliability test system task force of the application of probability methods subcommittee. IEEE Transactions on Power Systems,1999,14(3):1010-1020.

[82] 何大愚. 美国加州电灾的分析与思考. 电力系统自动化,2001,25(11):17-19.

[83] 黎灿兵,康重庆,夏清,等. 发电权交易及其机理分析. 电力系统自动化,2003,27(6):13-18.

[84] 费方域. 交易成本理论和委托代理理论之比较——威廉姆森交易成本经济学述评之四. 外国经济与管理,1996,18(8):38-41.

[85] 赵俶,康重庆,尚金成,等. 分组竞价的电力合约市场交易模式. 电力系统自动化,2003,27(1):16-20.

[86] 黄永皓,尚金成,康重庆,等. 电力中长期合约交易市场的运作机制及模型. 电力系统自动化,2003,27(4),24-28.

[87] 魏一鸣,刘兰翠,范英,等. 中国能源报告(2008):碳排放研究. 北京:科学出版社,2008.

[88] 康重庆,周天睿,陈启鑫. 电力企业在低碳经济中面临的挑战与应对策略. 能源技术经济,2010,22(6):1-8.

[89] 刘静,罗先觉. 采用多目标随机黑洞粒子群优化算法的环境经济发电调度. 中国电机工程学报,2010,30(34):105-111.

[90] 赵维兴,林成,孙斌,等. 安全约束条件下综合煤耗最优的节能调度算法研究. 电力系统保护与控制,2010,38(9):18-22.

[91] 苏鹏,刘天琪,赵国波,等. 基于改进粒子群算法的节能调度下多目标负荷最优分配. 电网技术,2009,33(5):48-53.

[92] Su P,Liu T Q,Zhao G B,et al. An improved particle swarm optimization based multi-objective load dispatch under energy conservation dispatching. Power System Technology,2009,33(5):48-53.

[93] 喻洁,李扬,夏安邦. 兼顾环境保护与经济效益的发电调度分布式优化策略. 中国电机工程学报,2009,29(16):63-68.

[94] 张晓花,赵晋泉,陈星莺. 节能减排多目标机组组合问题的模糊建模及优化. 中国电机工程学报,2010,30(22):71-76.

[95] 范玉宏,张维,叶永松,等. 基于机组煤耗高低匹配替换的区域电网节能调度模型. 电网技术,2009,33(6):78-81.

[96] 陈皓勇,张森林,张尧. 区域电力市场环境下节能发电调度方式. 电网技术,2008,32(24):16-22.

[97] 张粒子,谢国辉,朱泽,等. 准市场化的节能发电调度模式. 电力系统自动化,2009,33(8):21-32.

[98] 谭忠富,陈广娟,赵建保,等. 以节能调度为导向的发电侧与售电侧峰谷分时电价联合优化模型. 中国电机工程学报,2009,29(1):55-62.

[99] 康重庆,陈启鑫,夏清. 低碳电力技术的研究展望. 电网技术,2009,33(2):1-7.

[100] 陈启鑫,康重庆,夏清. 低碳电力调度方式及其决策模型. 电力系统自动化,2010,34(12):18-22.

[101] 陈启鑫,周天睿,康重庆,等. 节能发电调度的低碳化效益评估模型及其应用. 电力系统自动化,2009,33(16):18-22.

[102] 李勇,王建君,曹丽华. 考虑电网调度实时性要求的机组负荷优化分配. 中国电机工程学报,2011,31(32):122-128.

[103] 胡家升,郭创新,曹一家. 一种适合于电力系统机组组合问题的混合粒子群优化算法. 中国电机工程学报,2004,24(4):24-28.

[104] Grubb M, Jamasb T, Pollitt M G. Delivering A Low-carbon Electricity System. Cambridge:Cambridge University Press,2008.

[105] 冯永晟,张昕竹. 输配电网管理体制改革与接入监管. 电力技术经济,2008,20(5):15-20.

[106] 周劼英,张伯明,尚金成,等. 河南电网实时调度系统若干功能与算法. 电力系统自动化,2006,30(2):99-104.

[107] 梁小民. 微观经济学. 北京:中国社会科学出版社,1996.

[108] 朱军. 阿根廷电力改革印象. 水力发电,1996,43(4):62-64.

[109] 李大军,李嘉斌,郝泽明. 澳大利亚电力市场的管理与运作以及对我国的启示. 吉林电力,2004,29(3):6-9.

[110] 陈武新,王建声. 政府投资项目推行代建制的问题与建议. 建筑管理现代化,2005,21(6):9-12.

[111] 张安平,郭建业. 达成铁路扩能改造工程采用代建制初步探讨. 管理工程学报,2005,19(增刊):235-238.

[112] 王建军. 加强县级供电公司经营管理的思考. 云南电业,2004,10(1):36-37.

[113] 任震,朱然,黄雯营. 合同市场中的发电商成本信息甄别. 电力自动化设备,2004,24(9):1-3.

[114] 冯丽霞,周利凯. 我国输配电成本监管的问题与对策探讨. 长沙理工大学学报:社会科学版,2008,23(2):5-8.

[115] 王成文,王绵斌,谭忠富,等. 适合我国输配电价的激励管制模型. 中国电力,2008,41(2):12-15.

[116] Finoa W. Global Transmission Expansion Recipes for Success. Tulsa:Penn Well Corporation,2003.

[117] 景显德. BOT 投融资方式及其在电力行业中的应用. 西北水电,2002,21(4):63-67.

[118] 蒋德华. 探讨 BOT 方式在电力建设中的应用. 中国电力,1996,29(8):56-73.

[119] 刑卫国,吴复立. 基于遗传算法发电规划的 BOT 电厂成本效益分析. 电力系统自动化,

2000,24(1):56-60.

[120] 章文,余永林. 建立开放、公平的电力市场竞争体系. 经济理论与经济管理,1998,2:68-70.

[121] 刘喜梅. 新形势下中国电价改革问题研究. 中国物价,2005,11:5-13.

[122] Rudnick H, Palma R, Fernández J E. Marginal pricing and supplement cost allocation in transmission open access. IEEE Transactions on Power Systems,1995,10(2):1125-1132.

[123] Zolezzi J M, Rudnick H. Transmission cost allocation by cooperative games and coalition formation. IEEE Transactions on Power Systems,2002,17(4):1008-1015.

[124] 谢开,于尔铿,韩放,等. 电力市场对电网调度运行的影响. 电网技术,1995,19(12):48-53.

[125] 袁棠次,李俊岐. 电力市场中电网调度的若干问题. 电网技术,1996,20(2):59-62.

[126] 简洪宇,康重庆,都百青,等. 电力市场下"三公"调度的一种评判方法]. 电网技术,2005,29(16):26-32.

[127] 郭国川. 统一调度是我国电网调度模式的理性选择. 电网技术,2002,26(4):1-8.

[128] 刘勇. 电网经济效益与"三公"调度. 湖南电力,2001,21(1):51-53.

[129] 魏玢. 对输配分开的认识和再思考. 中国电力报,2010,8(1):44-46.

[130] 吴昌南. 中国电力市场化改革研究. 经济管理出版社,2011.

[131] 闫登丰. 深化中国电力体制改革研究. 成都:西南财经大学硕士学位论文,2012.

[132] 陈清瑞. 输配分离:棋动一着,全盘皆活. 高科技与产业化,2009,2:44-46.

[133] 遥遥无期的输配分离. 商务周刊,2010,05:58-61.

[134] 马芸菲. 深化电价改革二事. 中国经济导报,2013-06-1(2).

[135] 武建东. 拆分国家电网,启动新一轮电力体制改革. 中国经营报,2013-01-14(14).

[136] 钱家骧,王俊错,胡堃. 陕西电网电压结构不适合实行输配电分开. 陕西电力,2010,8:1,2.

[137] 周纲,苑春荟,吴建平. 不完全竞争市场中的电信普遍服务运行体系. 当代经济科学,2006,28(1):11-17.

[138] 吕雄伟,谭顺勇,孙斌锋,等. 邮政普遍服务政策博弈分析研究. 技术经济与管理研究,2004,25(5):47-48.

[139] 马芸,赵会茹. 委托-代理理论在电力普遍服务管制政策中的应用研究. 华北电力大学学报:社会科学版,2006,11(1):45-49.

[140] 刘树杰. 关于电力公共基金的构想. 中国电力企业管理,2003,21(9):35-36.

[141] 俞学河,电力社会普遍服务关系的构成要素. 华北电业,2004,20(2):60-61.

[142] Wacker G, Billinton R. Customer cost of electric service interruptions. IEEE Transactions on Power Systems,1989,77(6):919-930.

[143] Fumagalli E, Black J W, Vogelsang I, et al. Quality of service provision in electric power distribution systems through reliability insurance. IEEE Transactions on Power Systems. 2004.19(3):1286-1293.

[144] 焦春燕. 界定内涵科学补偿依法实施:中国电力社会普遍服务. 大众科技,2004,6(9):

64-65.

[145] 任若梦,罗国亮.浅谈我国电力普遍服务.电力技术经济,2005,17(6):5-7.

[146] 李俊雄,李龙,黎灿兵,等.智能电网下电力普遍服务的实施.电力需求侧管理,2011,13
(4):62-64.

[147] 黎灿兵,康重庆,江健健,等.电力市场监管中的信息披露与市场评估.电力系统自动化,
2003,27(21):1-6.

[148] Delmas M, Sancho M J, Shimshack J P. Information disclosure policies: Evidence from the
electricity industry. Economic Inquiry, 2010, 48(2):483-498.

[149] 邵毅平,高峰.关于我国企业环境绩效信息披露问题的研究.财经论丛(浙江财经学院学
报,2004,2:50-56.

[150] Roe B, Teisl M F, Rong H, et al. Characteristics of consumer preferred labeling policies:
experimental evidence from price and environmental disclosure for deregulated electricity
services. Journal of Consumer Affairs, 2001, 35(1):1-26.

[151] Market Surveillance Committee (ISO). Recommended ISO data release policy.
California, 1999.

[152] Schuler R E. Analytic and experimentally-derived estimates of market power in deregulated
electricity systems: policy implications for the management and institutional evolution of
the industry. Decision Support Systems, 2001, 30(3):341-355.

[153] Sheffrin A Y, Chen J, Hobbs B F. Watching watts to prevent abuse of power. IEEE
Power&Energy Magazine, 2008:58-65.

[154] 刘敦楠,陈雪青,何光宇,等.电力市场供应者竞标行为的分析与对策.电力系统自动化,
2005,29(6):24-28.

[155] Ericsson G N. Management of information security for an electric power Utility-on securi-
ty domains and use of ISO/IEC17799 standard. IEEE Transactions on Power Delivery,
2010, 20(2):683-690.

[156] Gunn C, Sharp B. Electricity distribution as an unsustainable natural monopoly: a potential
outcome of New Zealand's regulatory regime. Energy Economics, 2009, 21(4):385-401.

[157] 中国开关电器网.电力行业节能减排取得成绩显著面临的形式依然严峻. http://www.
chinaero. com. cn/zxdt/ttxw/07/107582. shtml[2011-07-28].

[158] 国家能源局. 2010年能源经济形势及2011年展望[EB/OL]. http://www. sdpc. gov. cn/
jjxsfx/t20110128_393341. htm[2011-01-28].

[159] AlRashidi M R, El-Hawary M E. Hybrid particle swarm optimization approach for solving
the discrete OPF problem considering the valve loading effects. IEEE Transactions Power
Systems, 2007, 2(4):2030-2038.

[160] Poli R, Kennedy J, Blackwell T. Particle swarm optimization. Swarm Intelligence, 2007,
1(1):33-57.

[161] Wu W C,Tsai M S. Application of enhanced integer coded particle swarm optimization for distribution system feeder reconfiguration. IEEE Transactions on Power Systems,2011,26 (3):1591-1599.

[162] Zwe-Lee G. Particle swarm optimization to solving the economic dispatch considering the generator constraints. IEEE Transactions on Power Systems,2004,18(8):1187-1195.

[163] 朱方,赵红光,刘增煌,等. 大区电网互联对电力系统动态稳定性的影响. 中国电机工程学报,2007,27(1):1-7.

[164] 赵上林,吴在军,胡敏强,等. 关于分布式发电保护与微网保护的思考. 电力系统自动化,2010,34(1):73-77.

[165] 万秋兰. 大电网实现自愈的理论研究方向. 电力系统自动化,2009,33(17):29-32.

[166] Thiringer F. Grid-friendly connecting of constant-speed wind turbines using external resistors. IEEE Power Engineering Review,2002,22(10):57-58.

[167] 张保会. 分散式能源发电接入电力系统科学技术问题的研究. 电力系统自动化设备,2007,27(12):1-4,35.

[168] 余昆,曹一家,倪以信,等. 分布式发电技术及其并网运行研究综述. 河海大学学报(自然科学版),2009,37(6):741-748.

[169] Parvania M,Fotuhi-Firuzabad M. Demand response scheduling by stochastic SCUC. IEEE Transactions on Smart Grid,2010,1(1):89-98.

[170] Jose Medina J,Muller N,Roytelman I. Demand response and distribution grid operations: opportunities and challenges. IEEE Transactions on Smart Grid,2010,1(2):193-198.

[171] Farrokh R,Ali I. Overview of demand response under the smart grid and market paradigms//Innovative Smart Grid Technologies (ISGT),2010.

[172] 张岚,张艳霞,郭嫦,等. 基于神经网络的光伏系统发电功率预测. 中国电力,2010,43(9):75-78.

[173] 邵阳. 基于混沌理论和神经网络的太阳能发电预测研究. 南京:东南大学硕士学位论文,2009.

[174] 杨秀媛,肖洋,陈树勇. 风电场风速和发电功率预测研究. 中国电机工程学报,2005,25(11):1-5.

[175] 戚双斌,王维庆,张新燕. 基于支持向量机的风速与风功率预测方法研究. 华东电力,2009,37(9):1600-1603.

[176] 唐彬,马颖,崔岩,等. 基于SVM的光伏最大功率跟踪的预测研究. 西安工业大学学报,2007,27(4):371-375.

[177] 贺益康,周鹏. 变速恒频双馈异步风力发电系统低电压穿越技术综述. 电工技术学报,2009,24(9):140-146.

[178] 邓自刚,王家素,王素玉,等. 高温超导飞轮储能技术发展现状. 电工技术学报,2008,23 (12):1-10.

[179] 陈星莺,刘孟觉,单渊达.超导储能单元在并网型风力发电系统的应用.中国电机工程学报,2001,21(12):63-66.

[180] 张步涵,曾杰,毛承雄,等.电池储能系统在改善并网风电场电能质量和稳定性中的应用.电网技术,2006,30(15):54-58.

[181] 陈宁,于继来.兼顾系统调频需求的分布式风电分散自治调控策略.电工技术学报,2008,23(11):123-130.

[182] 齐志远,王生铁,田桂珍.风光互补发电系统的协调控制.太阳能学报,2010,31(5):654-660.

[183] 王秀丽,黄敏,陈天恩,等.记及可靠性的电力市场分时定价方法.电力系统自动化,2009,33(10):29-33.

[184] 胡福年,汤玉东,邹云.需求侧实行峰谷分时电价策略的影响分析.电工技术学报,2007,22(4):168-174.

[185] 张钦,王锡凡,付敏,等.需求响应视角下的智能电网.电力系统自动化,2009,33(17):49-55.

[186] 罗运虎,薛禹胜,Gerard L,等.低电价与高赔偿2种可中断负荷的协调.电力系统自动化,2007,31(11):17-21.

[187] 刘秋新.蓄冰空调的研究与应用.武汉:武汉大学硕士学位论文,2003.

[188] 李兆坚,江亿.北京市住宅空调负荷和能耗特性研究.暖通空调,2006,36(8):1-6.

[189] 徐群,刘刚,李育燕,等.单台空调负荷动态特性分析与建模.高电压技术,2006,32(11):127-130.

[190] Ladhani S S, Rosehart W. Under voltage load shedding for voltage stability overview of concepts and principles //Power Engineering Society, IEEE 2004 General Meeting,2004.

[191] Aryaa L D, Pandeb V S, Kothari D P. A technique for load-shedding based on voltage stability consideration . IEEE Electrical Power and Energy Systems, 2005, 27:506-517.

[192] Lu N, Hammerstrom D J. Design considerations for frequency responsive grid friendly appliances//Power Engineering Society, IEEE 2004 Transmission and Distribution Conference and Exhibition,2006.

[193] 黎灿兵,尚金成,朱守真,等.气温影响空调负荷的累积效应导致能耗的分析.电力系统自动化,2010,34(20):30-33.

[194] 黎灿兵,杨朋,刘玮,等.短期负荷预测中考虑夏季气温累积效应的方法.电力系统自动化,2009,33(9):96-99.